北京故宫建成

「四王」山水画派盛行

书法帖学派盛行

粉瓷盛行

《桃花扇》问世

《聊斋志异》成书

《长生殿》问世

篆刻「西泠八家」活跃期

书法碑学派盛行

《红楼梦》成书

《儒林外史》成书

珐琅彩瓷盛行

「扬州八怪」活跃期

诗界革命爆发

18 世纪

18 世纪前中期

18 世纪中期

18 世纪中期至 19 世纪

19 世纪末期

清文化上明显趋于保守，但所有的前代文化都在这里复活，焕发出生气，并交汇与融合，呈现出一派独特的、集大成式的华夏审美文化景观。

大美中国 ｜ 清代卷

晚霞明处暮云重

陈炎　主编

王小舒　著

上海古籍出版社

图书在版编目（CIP）数据

晚霞明处暮云重：清代卷 / 陈炎主编；王小舒著.
—上海：上海古籍出版社，2017.9
（大美中国）
ISBN 978-7-5325-8545-8

Ⅰ.①晚…　Ⅱ.①陈…②王…　Ⅲ.①文化史—中国
—清代　Ⅳ.①K249.03

中国版本图书馆CIP数据核字（2017）第175042号

大美中国　清代卷

晚霞明处暮云重

陈　炎　主编

王小舒　著

上海古籍出版社出版、发行

（上海瑞金二路 272 号　邮政编码 200020）

（1）网址：www.guji.com.cn
（2）E-mail：gujil @ guji.com.cn
（3）易文网网址：www.ewen.co

上海中华商务联合印刷有限公司印刷

开本 787×1092　1/32　印张 7.5　插页 13　字数 106,000
2017 年 9 月第 1 版　2017 年 9 月第 1 次印刷
印数：1—3,050
ISBN 978-7-5325-8545-8
————————————————
G·666　定价：42.00 元
如有质量问题，请与承印公司联系

前　言

清王朝是一个由少数民族统治的政权，然而清王朝又是一个全面接受当时先进的汉文化传统的政权，其自觉性、彻底性远远超出了之前任何一个少数民族政权，这一点为当时以及后来许多人所赞赏。

坚守文化正统，全盘继承中华历朝文化之脉络，这本来没有错，也是清王朝能够立国近三百年不被推翻的原因。然而，17世纪以后的中国，面对的世界已经发生了重大变化，西方的工业革命业已成功，科学技术迅猛发展，社会制度几经变革；国内，商品经济的发展也到了需要体制改革来适应的节点，但清朝作为中国最后一个封建王朝，却拒绝向外界学习，拒绝直面社会现实，不愿做任何改变，对外闭关锁国，对内采用束缚思想的八股取士和利用严酷的文字狱打压士人，顽固守护着既有的一切，执着对抗时代发展的潮流。

即便如此，中国社会依然沿着明朝后期的近代化趋势在缓慢、艰难地向前发展，商品化和城市化的进程也没有停止，一度甚至造就了所谓的"康乾盛世"。在社会制度没有发生根本变革的形势下，这其实是中国封建社会的最后一次辉煌，然而，也从此迈入了自己的衰亡之途。

清朝的文化在华夏历代文化中是别具一格的，他肩负起了整理和总结的任务。清代文人倾注自己的全部心力，全面地搜集、校勘、考证、梳理古代的典籍，故成就了集大成式的文献汇集，为华夏文明的传承作出了重大贡献。

清朝的审美文化也别具一格，他吸纳了历朝历代的文化因子，将它们融为一体，并进一步推向极致。比如瓷器领域，我们看到大明五彩、元青花、宋青瓷竟然重新出现在世面上，但在器型、图案、色质诸方面又比前代更精致，更胜一筹。甚至，还综合融汇了前朝的多种工艺技法，创制了珐琅彩和粉彩这样的新瓷种，让人叹为观止。

你还能看到这样一种有趣的现象，凡是前朝创制的优秀产品，在清朝一定会重现，无论是器皿、家具、服饰、车船之类日常用度，还是绘画、书法、篆刻、诗文以及小说、戏曲等艺术领域，都有对前朝的精心模仿，且均具出蓝之效。比如小说《红楼梦》《聊斋志异》，戏曲《长生殿》《桃花扇》，都是这方面的典型。

然而历史毕竟是要向前发展的，社会演化的进程谁也挡不住。其实，早在康熙、乾隆年间，反对墨守前规、表现叛逆心态的审美倾向就已经出现，比如八大山人和石涛的画作、扬州八怪的艺术追求以及袁枚为首的性灵诗派的出现等。清王朝的后期，更是涌现出了像龚自珍这样的知识分子，大力呼唤变革，痛斥因循守旧，这一切逐渐成为当时社会的共识。随着西方列强的侵入，变法图存的呼声大起，一浪高过一浪，中国于是到了大变革的前夜。这也正是华夏审美文化继往开来、推陈出新的重大时刻，中国从此开始了一个崭新的纪元！

目　录

清代典雅的末代文化

历史发展的步伐有时是被偶然性支配的。按照社会的自然进程，中国应该在 17 世纪由封建社会跨入近代的门槛，如范文澜指出的："如果明朝还能维持下去，或代替它的朝代是李自成的大顺朝，而不是满清，中国追上当时尚在开始的西洋科学，并不是什么困难的事。"（《论中国封建社会长期延续的原因》，载《范文澜历史论文选集》）种种迹象表明，封建制度在 16、17 世纪之交已经熟透，并进入了腐朽状态，新生的社会因素已经成长起来，历史具备了转化的条件。然而，清军的入关打断了这一自然进程，整个形势于是发生逆转。

作为北方的游牧民族，满族势力入关，对中原发达的经济的确造成了严重破坏，这不仅体现在入关之初的圈地、投充等举措对农业经济的破坏，也体现在政府于相当长的时期内推行的重农抑商政策，它严重阻碍了明中叶以来蓬勃兴起的工商型经济的势头。经济是审美文化得以依附的基础，经济的倒退必然带来文化领域相应的改变。

清政府与元统治者不同，他们在入关之初

便高度认同了汉民族的封建文化，一切"仿古制行之"，俨然以正统观念的继承者自居，这一点他们比元代统治者聪明得多。为了稳固自己的统治，他们还采取了宽猛相济的两手政策，一方面恢复科举，开设博学鸿儒科，大力延揽汉族知识分子，给他们一条荣身发达的出路，又大兴编书之风，整理文化遗产，销毁有碍统治的书籍，有目的地倡导复兴古学；另一方面，对内大兴文字狱，打击一切对其统治不满的人士，造成文化的威慑气氛。对外则实行闭关锁国，驱赶传教士，封锁海关，固守"天朝无所不有"的观念，拒绝与国外进行接触和交流。这一切都使清代的文化面貌体现出浓重的保守色彩。

下层文化界的态度与政府有所不同，官方的权威文化在这里总是这样或那样地受到抵制，但在复兴古学这一点上，他们恰恰又是一致的。汉族文人固然不满政府的文化钳制政策，但他们依然选择了古学，以此维护民族的自尊，维护既有的文化底色，抵制民族压迫和欺凌。同时，出于对明政权覆亡的反思，许多人认为祸根就在于明末对传统文化的反叛。鉴于此,清人有一种明显的向传统复归的心理态势,这种心理与当时整个的时代环境相汇合,造成了清王朝持久而深入的复古潮流。文化风气由明末的趋新陡然一变为尚故,古学成为当时最时髦的字眼,甚至成为令人肃然起敬的一种事业。审美方面,明代的以侈为美、以新为美、以自由为美消失了,代之以典雅之美,不管是什么朝代,不管是何种风格,或古朴,或雅奥,或典丽,或斑斓,只要来自古人,都受到清人的青睐和崇拜。二百余年的清王朝成了古文化的一次整体的复兴。这种复兴客观上对中国文化进行了一次全面总结,无意中完成了它作为封建文化殿军的集大成的历史使命。作为最后一种形态的古代审美文化,典雅美得以确立。

历史的轨迹是曲折的,但历史发展的总体方向不会改变,随着农业经济的逐步恢复,工商业的再次抬头,经济领域又一次出现了近代化的势头,康乾盛世的形成并没有将社会拉回到古代那种小国寡民、自给自足的村社经济中去,而是再次回向明后期的以都市为中心的生动活泼的社会格局。与此同时，正统文化的衰朽性也越来越呈现出来，恰如《红楼梦》中所说："外面的架子虽未甚倒，内囊却也尽上来了。"在所谓的盛世的背后，历史的必然趋势与社会价值取向的矛盾正日益尖锐化，于是以反省和批判为特征的审美文化诞生了。因为清代站在封建历史的尽端，拥有着对全部封建文化进行总结、反观的视角，这种批判和反省便显得特别深邃和沉重，它简直就是一曲感慨万端的历史悲歌。从某种程度上说，这种批判性文化正是从古典主义的主根上派生出来的，是一种对母体的否定和反动，它与古典的时代氛围交织在一起，构成了中国封建社会末期特有的文化格局。

最后，具有鲜明的异端特征的近代审美文化在清代中后期奇峰突起，以怪、狂、痴、俗为标志，向典雅的复古文化提出了挑战，它们打破了古典主义一统天下的局面，开辟了近于晚明又异于晚明的一片审美天地。复古潮流日渐衰朽，新兴文化越来越显示出不可遏制的生命力，这样，近代审美文化遂成为清代文化最后也是最有特色的一道风景。

1

情系古人

以古雅为美的世俗风尚

　　社会习尚的变化最能显示文化风气的转移，人们的审美观和兴趣点即蕴藏其中。假如说元代的风尚是以叛逆为美，以多元文化的交融为美；明末的风尚是以趋新为美，以当下的享乐为美；那么清代可以举出的、最为突出的习尚便是对古人行为的追踪和效仿，也即以古雅为美。它与明中叶七子的复古运动有所不同，七子是打着复古旗号的改革派，他们复古是带有功利目的的，范围也比较狭窄，仅可称之为一种思潮，清人的崇古则是发自内心的热爱，属于心理上向古人的全面认同，一种真正的全民性的文化活动。在复古方面，没有一个朝代可以与之相比。

这股审美风尚中，对古代文物的收集和珍藏实可算做一个突出的表现。

文物之癖

搜集文物并不是清人的独创，前朝各代皆有，可以说是中国人的一种审美习好。然而，至清代，它却达到了前所未有的程度，成为精神生活不可缺少的一个部分。

何谓文物？文物即人们俗称的古董，一方玉印、一座铜炉、一只瓷碗、一块砚石、一张古琴、一幅古画等等，这些物品在清人的眼里具有无比珍贵的价值，能够激发他们的想象力、勾起怀旧情绪，令他们如痴如醉。或许在今人看来，这些东西远不值得倾注如此的精力，闲暇时去一趟博物馆就全解决了。清代人却非如此，他们中对此大有"笃好如性命者"，只要有财力，恨不能在家中开一个博物馆，这方面，清人决不吝惜精力和钱财。当人们费尽辛苦，抛却钱财，寻觅到某件古器时，简直就像获得了绝大的一件喜事，一项成功，其兴奋和满足的程度简直让人难以思议。文人在其中自然扮演着重要角色，在文人圈子中，搜集文物属于博学好古的一项雅事，它甚至推演成了一种文化性的聚会。一旦某人得到了一件古器，必要邀请朋友们一起来观赏，考订年代和作者，品味其深奥的美学价值，交流欣赏的心得，最后必要撰文、赋诗，大大地热闹一番。比如，某人得到了一块砚石，形似梅花，质如黄玉，杂有翡翠丹砂之色，经友人考证，定为汉代灌婴庙瓦，当时就引起了轰动，文士皆为之赋诗，有人还特地作《砚考》一文，博征广引，以为凭据。又如，有人觅得了一柄玉剑，剑长尺余，宽三寸，中凿一孔，作家朱彝尊考据说，这大概就是汉代大儒郑康成所说的大琰。典籍中无玉剑的记载，琰玉成尖锐状，应称为圭。于是作

《释圭》一文（见王士禛《池北偶谈》卷十四）。

对于古器的浓厚兴趣，固然含有考订史实、增广知识的用意，但更重要的，还是为了审美，为了寻找一种情感上的寄托，这从文人聚会时所作的诗篇中可以看出来。在此，举诗人高珩为秦代古镜所作的两首七绝诗为例：

> 河山历历看来空，万古消沉向此中。便是秦时明月在，可能还照栎阳官？
>
> 兴亡转毂见何频？照胆咸阳迹已陈。多少人间怊怅事，金人辞汉镜辞秦。（《秦镜诗》之一、之三）

很显然，人们不仅仅是在赏玩一件远古的遗物，他们睹物怀古，抚今追昔，不觉感慨万千，情动神摇，这不是一般的闲情逸致所能概括的。

假如秦代还显得久远的话，明代的遗物就更令文士们动容了，这里举著名词人陈维崧为宣德窑的一件青花脂粉箱所作的《满庭芳》词为证：

> 龙德殿边，月华门内，万枝风蜡莹煌，六宫半夜，齐起试新妆。诏赐口脂面药，花枝袅，笑谢君王。烧瓷翠，调铅贮粉，描画两鸳鸯。　当初温室树，宫中

> 事秘，世上难详。但铜沟涨腻，流出宫墙。今日天家
> 故物，门摊卖，冷市闲坊。摩挲怯，内人红袖，恸哭
> 话昭阳。

这哪里是在赏玩古器，分明是为亡去的明王朝哀唱挽歌。此种对前朝文物的款款深情是今天逛博物馆的人们所难以体会的。

当历史经历了重大的转折之后，前代的遗物便成了人们精神上的一种依凭和安慰。清初江南出了一位著名的诗人，叫吴兆骞，人称"江左凤凰"，他因科场案被流放到黑龙江宁古塔，在那个荒无人烟、冰盖雪封的羁管地滞留了二十余年，直到 50 岁后才遇赦放归。归来时，两袖空空，鬓发苍苍。朋友相见之际，他掏出几样东西供大家观览。首先是一粒绀碧色的石子，据说出于混同江中，由松脂结成，是古肃慎人的箭镞；另外还有一枚高丽国的棋子，晶莹似玉，由水中的贝壳制成。除此之外，他又兴致勃勃地告诉众人，宁古塔东北二百多里地外，发现了一块断碑，碑文依稀可辨，书法甚佳，经考证，那里即是金国的会宁府遗址。（见王士禛《池北偶谈》

卷二十三）一个远离家乡亲朋、被看押监管的囚犯，古人的遗物对他意味着什么呢？看着他苍老憔悴的面容，听着他津津有味的述说，人们似乎有所领悟，那便是他生存的唯一乐趣和理由。

古人的遗物是珍贵甚至神圣的，这种观念的确使得民间产生了很多神奇的传说。有人曾顺大运河北上，夜经高邮，看见湖中射出奇光，请人下水搜寻，打捞上来一方硕大的玉玺，背面盘龙双纽，极为气派，正面则用篆文刻着汉高祖的《大风歌》。大汉的光焰竟历千余年而不衰！有感于此，有诗人作《大风玉玺歌》。又传说某缙绅人家被狐妖侵扰，日夜不宁，一天置酒待客，堂中张挂宋徽宗的猎鹰图，用以娱宾。当夜狐妖便大大收敛，并自称如非图中之鹰项间系有铁链，几为所毙。于是家人设法蘸去图中之链。隔日，果有妖狐被击毙堂下。后该家遭火灾，有人看见一只雄鹰从火中飞出，振翅而去。另有一士大夫酷好弹琴，琴技不精，家中蓄有古琴一张，轻如蝉翼，名蕉叶琴。一日在家昼寝，朦胧中见一古装人坐窗下操演蕉叶琴，琴声绝妙，闻所未闻。起身近前，人已不见。此后，文士琴技日精，与前判若两人（见王士禛《池北偶谈》卷二十），等等。这些传说虽不足信，但文人士子津津乐道之，甚至载入自己的笔记丛谈之中，它们传递出这样一个信息，清代的文士善于从古人那里吸取精神能源，激活自己的灵感，构筑古雅之美。

好书之癖

与收藏文物相关，文人均好读书。当然所读都是古人之书。清代的北京城有两个较大的文物市场，一个在慈仁市，那里的古玩无所不有，也兼有古书出售；还有一个在琉璃厂，那儿主要是书市。购书、藏书和读书也是文人生活中的大事。欲读书，首先要购书，所以这两个市场，京师的文人没有不去的。许多在京城任职的文士了却公事以后，整天泡在那里，几至废却饮食。购到一部稀见的善本，自然要兴奋好几天；一旦错过某次机会，有为之卧病数日爬不起来的。对古书之钟爱，可谓上瘾成癖了。明代的公安三袁提出见从己出，不曾依傍半个古人，反对借古人以炫耀，"倚势欺良"，而清人则以多读书为荣，以博学强记为尚，即使再有才华、天资超逸的人，没有大量的古书阅读功底，也要被人轻视。传说乾隆朝有一个隐姓埋名的士人去找当时的大诗人袁枚，奉上一纸文笺。纸上抄录了一百二十条冷僻的典故，请袁释解。袁枚读书甚富，但绞尽脑汁，只解出二十余条。于是发函遍请城中名士，一起"攻关"，仅得五十条。再分头查找古籍，竭尽全力，寻出一百条。数日后此人再来，将剩余难典一一解答，并讥笑名士们读书太少，在座文士一时皆觉惭愧。据传，该士人已将最大的类书《古今图书集成》通读七遍了！（见徐珂《清稗类钞·文学类》）在考据成风的清代，这绝非仅有的特例。

众所周知，中国的典籍浩如烟海，国人自古就有好读书的传统，然而读书之多，知识之博，风气之浓厚，前代的确无法与清人相比，这还是与嗜古情结有关。很多人束衣减食，终日枯坐，精力、兴趣全都投在了读书上，古书给他们带来了无穷的欢愉，也令他们忘却身边的一切。当其凝神冥求、"耳目俱废，块然不复知有形骸"（《清稗类钞·经术类》）时，已经进入了一种审美的境界，时间和空间的限制都被打破了，读书人的精神与古人的精神实现了沟通和交融。在这种时候，清人能够清楚地感觉到自己与古人间那种不可分割的关系。这种体验与他们在获得一件古文物时的感觉其实是相同的。这就是古雅之美。

嗜古情结的民间形态　嗜古之风又岂止在文人当中盛行，商人的兴致决不在其下。清代的商人多是喜好附庸风雅的，越有钱的越如此。他们一方面结交名士，努力进入文化圈子；另一方面千方百计收购文物，建构自己的"小博物馆"，以示古雅超俗。浙江有一富商好集古人砚石，他所收藏的古砚都镌有名人铭文，文物价值很高。几十年来，竟集至百方，一一制匣保存，所费巨万。（见徐珂《清稗

类钞·豪侈》)又有一巨商嗜好古人词曲，专门
收集古曲谱，家中打制了十多个书橱，里面装满
各种不同版本的曲谱，多为世上不见之本。（见
李斗《扬州画舫录》）还有一商家喜藏古人字画，
尤好古印章，闻见必求，不遗余力。所集有金、
银、玉石、玛瑙、珊瑚、象牙、竹根，无奇不
有，自称"印癖先生"。有一次，在某位朋友家
见到一方古铜印，属汉代遗物，起先欲用重金购
买，朋友不允，于是竟长跪不起，直到对方迫于
无奈答应他为止。（见钱泳《履园丛话》卷十四）
嗜古之精神也可见一斑了。商人的好古有的属于
私人爱好，用以怡情悦志，陶冶情操，有的则是
纯粹为了粉饰门面，标榜风雅。由于商人的介
入，文物市场的价格明显见长，一方宋代的砚石
竟与同样重量的黄金相等，这使得一般的市民望
而却步了。话又说回来，商人鉴赏能力不强，往
往花了大价钱，买回的却是赝品。有的人不知
道，还当做真品收藏，而有的人知道了也无所
谓，只要别人认不出来，目的就算达到了。总
之，商业化的操作使得搜集文物之风也染上了世
俗的色彩。

尚古潮流并不限于商贾，在民间也广泛地流行，每到节日，城市中的一些景点，如花园、庙宇等，都会张挂名贤字画，陈设彝鼎图书，免费供人观赏。于是男女老少，各色人等，识字的、不识字的，懂行的、不懂行的，都会前来领略，普通市民的文物知识大概就是在这种场合下培养起来的。它使世俗的娱乐活动增加了典雅的意味，并为雅文化作了普及和传播，有意无意地提高了全民的审美品位。这就是古雅之美。不要小看这些风俗习尚，它们是一个社会审美文化的底色和基础。

2

气韵盎然

传统绘画在归宗复祖中走向集成

全社会的尚古之风营造出清代 260 年间持久而浓厚的古典氛围。这一氛围所导致的最突出之结果就是艺术领域的高度繁荣，它是中国古代最后一次艺术的辉煌，带有集大成的意味。如果说历史的长河到这里形成了一段曲折和回旋的话，那么作为补偿，审美文化正于此绽开它绚烂的一片晚霞。

我们在这里首先要提到绘画。入清以后绘画成了热门艺术，一改前期少数人独擅的局面，"国朝士大夫多好笔墨，或山水，或花草，或兰竹，各随其所好，其宗法或宋，或元，或沈、董，用笔有枯秀，有淹润，亦各随其性而自成一风裁"（张庚《国朝画征录》卷上）。连清朝皇帝也加入了这一"好笔墨"的行列，顺治、康熙、雍正、乾隆四朝皇帝皆雅好绘画，富于收藏，康熙帝还曾敕撰《佩文斋书画谱》，尽收前朝有关绘画的典籍，成就了中国绘画史上的一部宝典。在这种风气推动下，大大小小的画家自然层出而不穷。有人曾做过统计，清代可称为画家的不下六七千人，堪称极盛。这当中清前期又成为高峰，一时名家林立，争妍斗艳，美不胜收。当时还形成了众多流派，如娄东派、虞山派、吴派、宣城派、桐城派、金陵派、武林派、扬州派、江西派、画院派等，皆有可观之成绩。而成就最高、影响最大、处于中心地位的当推以四王为代表的文人山水画派。

"四王"与南宗画派

四王指四位集大成的画家，他们是王时敏、王鉴、王翚和王原祁。此四人被视做清代山水画的正宗，当然也是复古主张最有力的倡导者。有人对山水画做过这样的划分："中国山水画的审美境界，大致上可以一分为三，宋人侧重于物境美，故以丘壑为胜，元人侧重于心境美，故以人品为尚，以四王为代表的清代正统派则侧重于笔墨美，故以传统为宗。"（徐建融《清代书画鉴定与艺术市场》附录一）以传统为宗也即以复古为宗。可以这样来概括四王，他们力求在继承前人传统、融会贯通的基础上，确立古雅美的风格，创造一种博大深厚的艺术境界。

四王的领袖人物是王时敏。时敏字逊之，号烟客，江苏娄东人，生活于明清之交，实际上是明遗民。少年时，他曾从明代山水画大师董其昌学绘画，董其昌以古人为师及划分山水画为南北宗的观念对王时敏产生了重要影响。王时敏奉古人若神明，收购保藏古画，不遗余力。据记载，他每获得一轴名画，必关门闭户，独自一人，对画沉思。一旦有所领悟，会高兴得绕床大叫，拍

掌跳跃，"不自知其酣狂也"（张庚《国朝画征录》
卷上）。我们知道，唐代张璪曾有过"外师造化，
中得心源"的名语，以心和物为绘画之两极。到
王时敏，又增加了古人一端，构成三极。年轻时
他每次出远门，都要带上几十幅缩写的古人画册，
一路上对景揣摩，凝神体会，在自然和古人之间
寻找沟通。他的审美领悟本身，已掺入了深深的
古典因素。说到复古，王时敏又不同于其他各家，
他上承明末董其昌，建立了一个宗法体系，说：
"书画之道，以时代为盛衰，故钟、王妙迹，历世
罕逮，董、巨逸轨，后学竞宗……唐宋以后，画
家正脉，自元季四大家，赵承旨外，吾吴沈、文、
唐、仇，以及董文敏，虽用笔各殊，皆刻意师古，
实同鼻孔出气。"（《西庐画跋》）这段话勾画出了
一条从董源经元四家到明吴门画派直至董其昌的
线索，此就是南宗派的"画统"。王本人的绘画正
是以黄公望为楷模，旁及其他诸家的。

　　王氏虽倡为复古，他的作品却不是古人的刻
板临摹，原样照搬，当属于那种功力深厚、拥
有生命力的艺术，这在相当大的程度上得益于他
的集众家之长。比如王时敏的名作《答菊图轴》，

整体构图效仿黄公望，山石的披麻皴画法会让人
想起大痴的笔墨，但树木的晕染、用墨的繁密
又明显借鉴了王蒙。另一幅《落木寒泉图》，干
笔渴墨，虚灵松秀，有倪瓒的风调，而在构图和
某些用笔上又具有董源、赵孟頫的特点。作者融
诸家为一体，注入自己的审美经验，于是便创造
出一种洋溢着浑成美的杰作。值得深究的不仅在
此，我们知道，黄公望的画乃是自我人格的一种
外现，那种荒寒孤寂之气是一般人无法效仿的，
王鉴曾指出："独大痴一派，吾娄烟客奉常深得
三昧。"（《染香庵跋画》）恽南田进一步指出：
"痴翁画，林壑、位置、云烟、渲晕，皆可学而
至，笔墨之外，别有一种荒率苍莽之气，则非学
而至也。故学痴翁，辄不得佳。臻斯境界，入此
三昧者，唯娄东王奉常（时敏）先生，与虞山石
谷子耳。"[1]王时敏专以黄公望为宗，这与其本
人的遗民身份，以及独立不阿的性格应有内在之
关系。根据史书记载，王时敏鼎革后长期隐居太
仓，啸咏烟霞，优游笔墨，不俯仰世俗，在处世
态度上与黄公望实有相同之处。他所承继古人
的，除了画学之外，实际上还有一种人格精神，

这是支撑古典派画家并使其艺术具有生命力的内在原因所在。

四王中另一位与王时敏年龄相仿的作家是王鉴。鉴字圆照，号染香庵主。从辈分上讲，他是王时敏的族侄，而年龄及经历实与之相仿。王鉴的绘画观与王时敏相同，认为："画之有董、巨，如书之有钟、王，舍此则为外道。惟元季大家，正脉相传，近代自文、沈、思翁之后，几作广陵散矣。"（《染香庵跋画》）可以说，推崇南宗一脉是娄东派的共同主张。然而在创作实践上，王鉴的取法要明显宽于王时敏，他曾遍摹唐、宋、元、明四朝名家，"务肖其神而后已"（张庚《国朝画征录》卷上）。与前者比，王鉴更具有集大成的特色，综合性也更强。如果说王时敏以干墨皴笔为主，体现了元人特色的话，那么王鉴的作品就在皴擦之外，又加了晕染之法，创造出一种沉雄古逸的风格，人称"刚柔并济，巧拙兼施，生熟互用，平淡绚烂，具罗笔端"（吴湖帆《王圆照山水册跋》）。王圆照还擅画青绿山水，作品清丽幽雅，工致秀润，别有一种娟静隽永的韵味，令人览之，神往不已。这种脱俗超凡的风格当然不仅是技巧的因素所导致，它更是作者审美心态的表达，是诗意化人格的体现。

文人山水画发展到清代，可以说是进入了彻底成熟的境地，它不再是随意地挥洒，也不再是精粗并陈，它的每一个部分都经过高度的提炼，完全经典化了。正因为如此，追求典雅，追求精工，追求沉雄与娟秀的平衡，追求浓厚的书卷气息，一句话，追求纯粹的文人情趣，便成为画家努力的目标。王鉴的画作正鲜明地体现了这一特点，他的代表作《梦境图》、**《仿古山水册》**（001）、《仿宋元山水册》、《夏山图》虽说都是模仿古人而为之，实际上已非古人之原貌，而属于清代古典主义艺术的典范。

山水精神的薪火相传

若按照年龄划线，四王可分为两代人，王翚和王原祁皆属于晚辈。王原祁是王时敏的孙子，字茂京，号麓台；而王翚为江苏常熟人，字石

001　王鉴《仿古山水册》

谷，号耕烟散人，他也是在王时敏和王鉴的教授和培养下成长起来的。一般认为王翚在四王中成就最高，王时敏和王鉴对其均推崇备至，王时敏甚至称这位晚辈为老师。王翚的特长在于突破南北宗的局限，将过去互相对立的两派风格融为一体，这方面他实现了对老师和画统的突破。王翚也曾遍临前代诸家之画，从唐代的王维，五代的董源、巨然、荆浩，到宋代的李成、关仝、惠崇、米芾、刘松年，再到元代的赵孟頫、四大家。通过全面的临摹，他认识到"画理之精微，画学之博大如此，而非区区一家一派之所能尽也"（《清晖画跋》）。由此，他提出了自己的绘画主张："以元人笔墨，运宋人丘壑，而泽以唐人气韵，乃为大成。"（《清晖画跋》）这是古典美学思想的经典性表达，其气魄、其胸襟、其眼光都是了不起的。后人因其越出了娄东一支的樊篱而将之称为虞山派，其实他的美学观和创作实践也是对二王尤其是王鉴的继承和延伸，属于古典画派合乎逻辑的发展。

在绘画理论的总结方面，王翚的贡献似乎亦超过他的老师。他提出不少精辟的见解，比如论用墨，他说："画有明暗，如鸟双翼，不可偏废，明暗兼到，神气乃生。"又比如论用笔，他认为："皴擦不可多，厚在神气，不在多也。气愈清则愈厚。"（《清晖画跋》）王翚虽然多摹古画，"一树一石，皆有根据"（张英《笃素堂文集》卷九），但却反对刻板、拘谨地泥古，而提倡灵活和自在，论画石时他指出："画石欲灵活，忌板刻，用笔飞舞不滞，则灵活矣。繁不可重，密不可窒。要伸手放脚，宽闲自在。"（《清晖画跋》）这些见解都是中国画学的宝贵财富，富有深刻的美学意义。

王翚的画似乎以中年为好，作于55岁的**《晚梧秋影图》**（彩图1）最富情致，实在是一种美好人性的表达，今天仍给人以丰富的审美享受。他的画与二王比较，荒寒之气减少了，有些作品明显地透露出暖意，这大概是与时代的变迁有关吧。另外他晚年的作品明显不如中、青年时期，程式化的特征较为明显，整饬有余，而灵气不足，这不能不使人联想起其60岁时受到康熙帝嘉赏一事，当时他受任主持《南巡图》的绘制，获得了成功。事后虽然辞官南返，然而身价腾贵。名宦延赏恐怕对作者的精神造成了相当影响，画如其人，更如其心，是勉强不得的。

古典派的传统是一种艺术体系的承接，也是一种文化精神的薪火相延，这种精神到王原祁受到了更大的考验。四王中，王原祁是唯一入清廷做官，并且成为职业宫廷画家的。在朝任职期间，他受皇帝委任，主持了《佩文斋书画谱》的编纂，并且绘有若干应制之作。今天我们看到的《松溪北馆》《江村花柳图》等作品即属于此类，满卷春意盎然，一派升平景象，明显已属于院体画了。但他毕竟是王氏家族的成员，家庭传统对其为人和创作濡染至深，他绝不会因此改变自己的基本审美取向。王原祁的一生，创作主流还是继承乃祖王时敏的衣钵，崇尚南宗，尤其是元代的黄公望。他有大量临摹黄大痴的作品，对黄作的景仰之情，至老不衰。王原祁不但从技法上揣摩黄氏，更从精神上去接近这位古代画家，他曾说："笔墨一道，用意为尚，而意之所至，一点精神在微茫些子间，隐耀欲出，大痴一生得力处，全在于此。"（《麓台画跋》）这确实像一位真正的艺术家说的话，非一般职业画家所能见到。

王原祁的创作原则也仍是提倡士气，反对媚俗，见《**桃源春昼图**》(彩图2)。他宣称："作画搦管时须要安闲恬适，扫尽俗肠，默对素幅，凝神静气。""若毫无定见，利名心急，惟取悦人，布立树石，逐块堆砌，扭捏满幅，意味索然，便为俗笔。"(《雨窗漫笔》)王原祁长于作浅绛山水，这也是由学大痴而来，每作一画，事先必展纸审顾良久，举一笔，又需审顾反复，皴点、擦染，疏密相间，半月后方成，可见其态度的严谨。就笔墨的耐人寻味、意韵的浑成深厚来说，他甚至胜王翚一等。后人评价其作云："熟不甜，生不涩，淡而厚，书卷之气，盎然笔墨之外。"(张庚《国朝画征录》卷上)当时作家姚鼐更有诗赞叹云："幽谷苍苍拥烟树，树底明流沙石布。画中取势作低平，已是人间最高处。"(《题麓台山水》)达到这种境界，实是发扬古典主义艺术精神的结果，它也是王原祁保持洁身自好、抗拒官场侵蚀、坚守独立人格的依凭。王本人说过，每完成这样的一幅画，便觉得心中欣悦，倒头入睡，分外香甜，能体味到人生的真趣。清代古雅之美具有长久不衰的生命力，能在中国艺术史上占有一席不可动摇的位置，其原因恐怕也在于此。

吴历与恽格

四大家之外，与其地位接近的还有吴历和恽格，二人都曾从师于王时敏，而造诣各殊。吴历为常熟人，与王翚同乡，字渔山，号墨井道人，史书称其"清洁自好，不谐于世，弹琴咏诗，萧然高寄"（鱼翼《海虞画苑略》）。其画墨重气沉，拙朴浑厚，不如石谷声名显赫，却心思独运，不肯一笔寄人篱下，具有鲜明之个性。吴历于50岁时入天主教会，曾去过欧洲，晚年之作云气绵渺，林木蓊翳，有人认为融入了西洋画法，所以别具一格，见《秋山图》（002）。吴历兼工诗，其题画诗有云："一曲晴雨山，几株古松柳。笔到谽崖处，白云与泉走。"（《与沈子冷论元人画》）"水折去茫茫，溪回树色黄，晚峰云散下，秋涧叶纷纷。"（《题晚峰秋霁图》）

002　吴历《秋山图》

吴历还好以陶渊明、谢灵运山水田园诗比拟南宗派之画，对中国的诗画艺术体悟颇深，见解独到。

恽格字寿平，又字正叔，号南田，江苏常州人。早年也工山水，自视甚高，后见不能超越王翚，"耻为天下第二手"，于是改而攻花卉。恽南田的**花卉**（彩图3）效仿北宋徐崇嗣，以没骨花闻名于世。所谓没骨花，即不用笔勾勒轮廓，全以水墨和彩色晕染而成。此种画体自宋以后，流为浓丽富妍，品格庸卑。恽格洗脱畦径，以天真澹泊之意入画，别开生面，令人耳目一新。他曾在《南田论画》中表述过自己的审美观，认为表现花之绰约妖冶、娇媚可爱并不难，难在写出花的挺拔之意，而唯有具备挺拔之质，再饰以妖冶之容，方才为真美。他本人的花卉作品便具有此种气质，清丽冷艳，品格极高。恽格在当时赢得了极高的声誉，与吴历二人并列于四王之后，合称"六大家"。

古典主义画派的流风余韵，披靡有清一代，经久不息。此正是古雅美在绘画界的典型体现。

〔1〕　《南田论画》，引自《历代论画名著汇编》，文物出版社，1982年版。

3

墨趣刀工

书法篆刻将古典美推向极致

　　在以古雅为美的有清一代，与绘画同时绽开的另一朵艺术之花是书法。古人说书画同源，中国文字的构造方式和书写习惯与绘画的确有着不解之缘，随着历史的推移，它亦成为一门与绘画同样悠久，且万古长新的造型艺术。至清代，这种艺术更体现出集大成的辉煌。

帖学派

历来书法界都将明末与清初连在一起，因为清初的书法流派都是从明末继承发展而来的，其中董其昌一支尤其受到时人钟爱，被奉为正宗。董其昌身兼画家与书法家，他的书法集宋元诸家之长，萧散古淡，空灵剔透，富有一种典雅高贵的气质，与南宗画的审美趣味正相通。此种风格受到了清初众多文人的喜爱，也得到了倡导典雅艺术的康熙皇帝的青睐。于是士大夫的清高之气、俊秀之姿与宫廷的尊贵地位和正统色彩结合起来了，一时馆阁大臣、翰林学士皆尚董体，甚至科举考试也要以书写董体为标准，文人学子无不争效，翰墨之风刮遍朝野。乾隆皇帝弘历的翰墨之好更胜康熙一筹，他特建淳化轩，保藏宋太宗刊刻的《淳化阁帖》，又诏刻《三希堂法帖》，尽收古代名帖于其中，欲超宋太宗而上之。乾隆帝嫌董其昌书风纤弱，不能体现泱泱大国之风，于是改而推尚赵孟頫，以丰圆秀润为美，风气为之转变。弘历本人尤好舞文弄墨，每到一地，必御笔题诗，刻石立碑，其书风雍容大度，有盛世升平气象，虽略少变化，千字一面，却也颇具功底，古意盎然。在这种风气之下，以书法名世的艺术家纷纷脱颖而出，形成了百花争艳的局面。

康熙朝书法名气最大的是号称四大家的笪重光、姜宸英、汪士鋐和何焯（也有将笪重光改为陈奕禧的）。他们都属于学董其昌而又自成面目的书家。其中姜宸英兼善诗文，学古尤见功力。梁同书表述他的审美观说："妙在以自己性情合古人神理。"（《频罗庵题跋》）这正是古典美学观的精髓所在。姜书以行楷为上，行书由董其昌上溯米芾，直至东晋二王，楷书则法唐代虞世南、褚遂良和欧阳询，往往楷中带行，行中杂草，自成一格。姜氏的书写方式亦颇独特，用三只手指撮捏笔管，臂腕高悬，运笔疾挥如风，若不经意。书成之后，令人百看不厌。可见已到了出神入化的境界。其风格娟秀闲雅，莹淡悦目，深得王羲之神韵。

略后于四大家的国手有**张照**（003），其风格酷似董其昌，人称董氏再世。康熙帝称张照"书有米之雄，而无米之略，复有董之整，而无

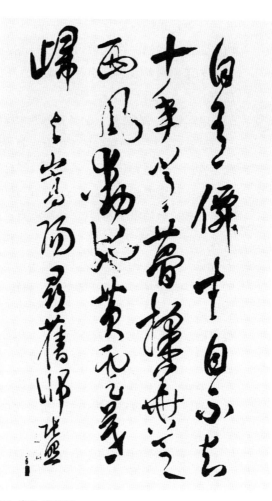

003　张照：草书诗轴

董之弱，羲之后一人"(《圣祖御制诗》)。他的书法实兼董、米之长，将沉着与粗狠、妙丽与俊逸、刚健与婀娜融合一体，铸成了特别的风度。今嵌在岳阳楼上的范仲淹的名作《岳阳楼记》就是张照的手笔，字体楷行相间，一气呵成，有董其昌的疏朗闲逸，米元章的峭劲险绝，还兼颜真卿的淳厚敦朴，可谓流金溢彩，精湛绝伦，成一代之大观。

张照以后，又有乾隆朝的四大家接踵而来，声名更著。他们是刘墉、梁同书、王文治和翁方纲。其中刘墉成就最高，康有为称其为"集帖学之大成"(《广艺舟双楫》)。刘墉的贡献在于，当众人皆以纤秀清瘦为鹄的而失之媚弱的时候，转学《瘗鹤铭》之坚硬，颜真卿之雄阔，兼收苏东坡之真率，构成一种浑朴古厚、绵里藏针的美学风格。我们看他的作品，墨色浓重，线条粗肥，似显质拙；然这拙味当中透露出的是淳厚的静穆，绚烂之极的平淡，不可折服的微笑，还有返老还童的天真。中国传统人格中温柔敦厚、返璞归真的美德在刘氏笔下得到了艺术的再现。

怪诞派

我们在欣赏正宗帖学的美妙作品时，不应忘记还有另一支非正宗流脉的存在，他们也从晚明而来，是怪诞派作家张瑞图、黄道周、倪元璐风格的蹈扬和继承。这一书派的代表是赫赫有名的王铎和被视为狂人的傅山。**王铎**（004）实是一个充满矛盾的人物，他生活于明清之交，曾受到个性解放思潮的影响，清兵南下之际又降顺清朝，做了"二臣"。长期的精神压抑，时代风云的熏染，使王铎形成了扭曲的、痛苦自责的

王铎好用巨型长幅书写，体取草法，一路狂舞，奔泄而下，如醉仙舞剑，狂僧弄棒，一招一式，皆成奇观。

004　王铎：草书诗卷

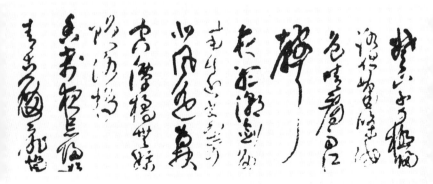

心态。他将这一切注入自己的笔端，书风恣肆狂放、奇崛险怪，几至不可思议。这种充满生命韵律和力度的书写方式造成惊心动魄的艺术效果，与萧散闲淡的正宗派构成了强烈对比。正因为这种外向显露、淋漓尽致的艺术手法更符合现代人的审美习惯，王铎在近代赢得了一片赞扬声，蜚声海内外，日本甚至有人提出"后王胜先王（羲之）"的看法，可见影响之大。

傅山（005）的经历与王铎不同，他入清坚持不仕，终身布衣，是个遗民。傅有所谓"四宁四毋"之说，即"宁拙毋巧，宁丑毋媚，宁支离毋轻滑，宁真率毋安排"（《作字示儿孙》）。此不啻是他倔强人格的自我写照。傅山的字也以草书出名，人称"国朝第一"。他的草书雄奇跌宕、亢奋桀骜，一任感情奔腾涌流，有咄咄逼人的态势。《清稗类钞》曾记载了这样一个故事，有位友人请傅山作画，傅山事先痛饮了一番，然后屏去众人，独于月下设置一桌。友人好奇，躲在暗处偷看，只见月光下，徘徊不已的傅山突然腾足跳起，且舞且歌，状若狂颠。友人惊惧，奔至身后，用力抱持傅腰，欲止其狂。傅山怒不可遏，

005　傅山：行草书轴

大叫放手，并搓纸掷笔，不复作画。友人再视傅时，只见墨汁满头，汗如雨下，仿佛大战了一场。可以想见，此种发狂入痴的艺术状态与狂风疾雨式的书法杰作之间的关系。

或有人以为怪诞派反传统，不应属于古典派艺术，其实王、傅二人都是功底深厚的复古主义者。王铎遍临古帖，终身不辍，自称"皆本古人，不敢妄为"，后世书法家发现，他的创作虽奔放不羁，却字字有来历，是自由和规矩的高度合一。难怪有人称其为野道时，王铎大呼"不服，不服，不服"。而傅山也"与晋唐楷书法无所不临"，主张脱俗必须复古。王、傅二人其实都没有超越古人，背叛传统，他们不过是古雅美中的一个分支而已。

碑学派

书法界真正的高潮出现在清中叶以后。随着考据学的兴起，金器碑碣的大量出土，人们的审美兴趣又转向了更为遥远的中古和上古时代，碑学热油然兴起，取代了前期的帖学。当那些沉睡了成百上千年的青铜器皿、大小碑石、摩崖岩刻被人们从地下墓葬、穷野荒郊、深山峭壁中挖掘和搜寻出来时，书法界的轰动和欣喜是难以形容的。人们从这些斑驳陆离、依稀可辨的文字造型里，似乎发现了一个新的世界。开始是唐碑，然后是魏碑，从魏碑又到汉碑、秦刻石，乃至周铭文、商甲骨，这是一个探索不尽、越古兴味越浓、令人沉醉亢奋的艺术王国。那些早已被遗忘的，带着粗犷、进取、刚强和自信的古典之美苏醒了，再次放射出夺目的光彩。圆劲浑朴的篆书、丰厚雄劲的隶书取代了楷书、行书，成为书法界效法的主要字体。前期的潇洒空灵、娟秀超逸之美被扬弃，质厚劲健之美上升为主流，人们对古典美的理解进入了一个更深的层次。

从早已写惯的楷行书转到古篆隶，决非轻而易举之事，清人为此付出了艰辛的努力。《清稗类钞》中记载了这样一个传说，篆书家钱坫初习篆体，临李阳冰《城隍庙碑》，昼夜不息，焚膏继晷，三月不能成字。一日突然倒地昏厥，人事不省。医生前来诊视，见其手足冰凉，双目瞠视，鼻有微息，心脉跳动却很正常。数日之后，一天夜间，钱坫突然跃起，奋笔疾作篆书，书罢掷笔重新倒卧。第二日，人们见到桌上精湛无比的篆字，于是唤醒钱坫询问。钱回答说，好像做了一梦，梦中来到一间石室，有位戴巾老者指授篆法，屡书屡批，经数日后才点头微笑，说可以了。醒来之后，追忆笔势，于是写下此条幅。根据钱坫对老人的描述，博闻者认定，此人正是李阳冰。这个近乎神话的传说乍看似乎荒诞，实际上隐藏了一个事实，即清代书法家对古典艺术宗教般的虔诚。这绝对不是闲情逸致、打发时光的人们可以理解、能够进入的境界。这是一种对崇高艺术精神的追求，是中国书法具有生命力的根源所在。当人们将自己的生命投入到艺术活动中去时，这种艺术也就具有了某种神圣性，美其实就是生命的表现。

清代的碑学大家不乏其人，领风气之先的当推邓石如。邓字顽伯，出身贫寒，少时以砍柴、贩饼为生，喜好篆刻。年轻时曾到书院里为诸生刻印，被书法家梁巘发现，推荐给金石学家梅镠。梅镠收下了这个门徒，并为他提供了良好的学习条件。邓石如于是倾全力于篆隶书法，遍临古代碑文。每天凌晨，在微曦中起身，磨就一大盘浓墨，埋头习练，直到夜深，墨汁用尽，方才就寝。第二日又复如此，寒暑不辍。这种苦练精神，造就了深厚的功底。**邓石如**（006）的书法，特色在融合篆隶二体，别开生面。其篆书掺入隶意，化圆韧婉转为方劲刚健，有浑雄苍茫之风；而隶书则体正笔圆，遒丽淳质，浑融无极。其中尤以隶书的成就超绝，每一笔皆意味深长，耐人咀嚼。书法家包世臣认为："技至此，足以夺天时之舒惨，变人心之哀乐，造物能听其久住世间，以自失其权邪！"（《宋敖陶孙评隶书屏跋》）评价之高，无以复加。这种融古人精粹为一炉的人只有在清代才可能出现，邓石如的成就实是中国书法艺术的瑰宝。

　　稍后于邓石如的伊秉绶也是一位习古自成一家的碑学大师，他为人耿直，为政廉正，《清史稿》列其入《循吏传》。伊好写大字，笔力雄健，深得汉碑之神理。评论家称其"能拓汉隶而

006　邓石如：篆书屏

大之，愈大愈壮"（赵光《退庵随笔》）。**伊秉绶**（007）的字结体方正，笔画平直，凡是斜笔，包括点、趯、撇，都改而趋平，方正严整的感觉特别突出，这显然是作者有意追求的一种美学效果，正与其刚正不阿的为人相吻合。此外伊秉绶的字改变了蚕头雁尾的传统隶书形式，笔端不露锋尖，斩头斩尾，追求刀刻斧凿的效果，风格沉实浑厚，雄强有力。伊氏显然不赞赏清秀飘逸的书风，而崇尚古拙，他说："诗到老年惟有辣，书如佳酒不宜甜。"这种审美观在当时具有相当的影响。拙与巧是一双相对的范畴，伊倡导古拙，其意在于反对媚俗和浅浮的习气，并非为拙而拙。其实伊秉绶本人的书法相当讲究装饰效果，他的字结构上很有特色，或左大右小，或上肥下扁，错落有致，夸张效果突出，接近于今天的美术字。我们看他写的几副对联"由来意气合，直取性情真"，"江山丽词赋，冰雪净聪明"，"渊明不求甚解，少陵转益多师"，各不重复，情趣自异，包含了作者独到的匠心。伊秉绶追求的实际上是一种大巧若拙、化古为今的艺术境界。

清后期最有影响的书法家当推何绍基。何字

淵朙不求甚解

少陵轉益多師

汀州伊秉綬

007　伊秉绶：隶书联

子贞，号东洲，博学多才，尤精通文字学，长于考证。何绍基对搜集古碑石怀有浓厚兴趣，常脚着芒鞋，头戴斗笠，出入于深山幽谷之中，风餐露宿，寻觅古迹。曾因此得到北魏名碣玄女碑，并以此名书室。何绍基习古书下过一番苦功夫，日课数百字，寒暑不辍，"于北碑无不习"，坚持四十年不间断。他的书写姿势尤其独特：臂膀高悬，手腕回向自身，笔尖与行笔的方向相反，这种姿势极其累人，"约不及半，汗浃衣襦矣"（何绍基《张玄墓志铭》）。为何要这样呢？何绍基说，他研究过碑刻的方式，凡笔划右行者，刀锋必向左，笔划下行者，刀锋必向上，这样刻出的字必然沉厚有力。为了追求此种碑刻效果，他也采取了逆行方法，其好处在于，毛笔得以充分叉开，力度超过顺写姿势，别具一种刚拙的美感。

何绍基（008）篆、隶、真、行四体皆精，可谓通家，尤为可贵的是，他能融碑帖为一炉，以篆、隶之法入楷、行，使早已定势的楷书、行书显现出一种新的面目。后人评价他的行书，"恣肆中见逸气，往往一行之中，忽而壮士斗力，筋骨涌现，忽又如衔杯勒马，意态超然"（徐珂《清稗

008　何绍基：行书联

类钞·艺术类》)。我们观他的行书作品，乍看去，东歪西斜，粗细不一，好像不对劲，再留神细观，每个字都很严整，笔力老到精湛，富浓郁的金石味。正如行家指出的："非精究四体，熟谙八法，无以领其妙也。"（徐珂《清稗类钞·艺术类》）

作为一名艺术家，何绍基所钟情的是"重骨不重姿"的内韵美，这与他的为人很近似。何氏对待平民百姓没有半点架子，农妇孺子登门索字，有求必应；而对权贵达官却傲岸不逊，虽巨金求之，不予。这大概就是人们常说的书如其人吧。没有某种人格底蕴者，要想在书法上获得很高造诣，其实是非常困难的。这也是中国艺术具有永恒魅力的特质所在。

篆刻印章

这里必须提及与书法合称并蒂莲的篆刻艺术。篆刻指印章的刻制，因为取字以篆体为主，故又称篆刻，它实为书法与雕刻的结合。在毛笔和纸张发明之前，中国的文字都是刻写的，或刻在甲骨上，或刻在陶土上，或刻在青铜器皿上。雕刻实早于书法，是最为古老的书写方式。而篆刻成为专门的技艺，则是在印章盛行之后，根据明清人的发掘考证，当在战国时代。战国的印章都是铜制的，有铸、凿两种，其文字与青铜器上的铭文相一致，属于大篆一类，字形圆曲宛转，富有图画意味。已发现的有朱文（阴文）与白文（明文）两种形式。秦汉时出现了玉玺，字体也改为小篆。篆刻史上，汉代堪称印章的全盛时期，汉印字形方正谨严，端庄工整，堪称古篆刻的经典。此外汉朝又发明了富于屈曲回绕之势的缪篆和作鱼鸟形状的鸟虫书，审美意味增强，该项技术因此向前跨进了一大步。魏晋时期又拓展出了悬针篆，即竖笔下垂、有似悬针的一种字体，进一步地向艺术化的方向趋进。

唐宋以后，印章的使用更为普及，大小官印多不胜数，在与权力意识紧密结合的同时，书画家也开始用来给书、画作品加印，书、画、印走向结合。印章的材料由铜、玉、金扩大为了琥珀、玛瑙、象牙、骨角、水晶、陶瓷及黄杨木等多种；纽制亦极具匠心，有鼻纽、瓦纽、兽纽、桥纽、台纽、柱纽等若干款式。然而篆刻真正成为一门独立的艺术，还是在明中叶以后。这之前，它充其量只是作为一种工艺品而存在着，附属在金石和书画等门类之下，没有从实用功能中解放出来。

最早在篆刻界别树一帜、开创新风的是文徵明的儿子文彭。我们知道，吴中派是一个复古主义流派，文彭作为吴中派的一员，显然也受到了此派美学主张的影响。**文彭**（009）承明初的王冕，开始大量使用石料即灯光冻石制作印章，此举为文人进入篆刻领域提供了物质条件。文彭摈弃了宋元以来已成熟套的"九叠篆"的字形模式，追法汉印传统，取证六书，力振古风。他的石章典雅新颖，在风格上接近乃父，呈清瘦透润之美。文彭之后，许多文人

009 文彭：文彭之印、七十二峰深处

纷纷涉足该领域，形成了猛利与和平两派。"猛利派"以何震为代表，崇尚秦汉玺印，刀风猛厉，锋芒毕露；"和平派"则以汪关为代表，效仿汉代铸印，风格方中有圆，尤其是圆朱文，颇富圆浑雅妍之美。篆刻至此终于厕身艺术之林，与书法、绘画鼎足而三。

作为古雅型的艺术，篆刻在清代获得了蓬勃发展，其成就远远超出于前代之上。前期最负盛名的是号称浙派的"西泠八家"，其中丁敬最具代表性。丁敬字敬身，号梅农，一生以卖酒为业，淡泊功名。他具有多方面的艺术修养，诗、书、画兼善，精通古文字，又富于开拓精神，个性倔强。**丁敬**（010-1）的白文印章笔划粗短，字体方整，填满印框，显出一种厚重古拙的风格。如那方五言诗印，边长 5 厘米，共 20 个字，章面被字体撑满，留红甚少。诗句为"下调无人采，高心又被瞋。

010-1　丁敬：下调无人采，高心又被瞋，不知时俗意，教我若为人

55

010-2 丁敬：梅竹吾庐主人

不知时俗意，教我若为人"，拙朴的风格与诗中愤世嫉俗之情正相呼应，给人特殊的审美享受。另一方朱文印**梅竹吾庐主人**（010-2），线条颀长瘦挺，中间略有弯拱，饶有修竹之神韵。篆刻艺术发展至此，实用效应已退居其后，审美价值成了它真正的生命。作为从中国深厚的文化积淀当中生长起来的一种艺术，篆刻给人的美感是特别丰富、隽永的。西泠八家之外，就地域分，当时还有"云间派""莆田派""扬州派""如皋派""虞山派"等等，一时盛况，堪与书法相埒。

随着地下发掘的增多，金石学的勃兴，收集古印成为一种时尚，整理刊行的印谱也纷纷面世，受时人爱赏，这些都进一步刺激了篆刻。清代中期，篆刻界的大师当推兼善书法的邓石如，邓本是碑学专家，前面已谈及，他将印章的艺术引入书法，又将书法的技艺移入印章，人称"印从书入，书从印出"，实现了两种艺术的

① / 王翚
《晚梧秋影图》

画面虽不开阔，然虚实相掩，有不尽之妙。其中六株树木，或枯、或荣、或直、或斜、或倚，间有斜亘在了一起，自自然然、不落俗套，可谓宽闲自在，写出了萧散、自得的情怀。

② / 王原祁
《桃源春昼图》

桃源春畫
倣趙承旨

臨溪野約宵
山堂洞裏乾
坤世外鄉常
有桃花紅滿
樹不教兔去
引漁郎
丙戌清和
御筆

③ / 恽格
《花卉图》

鲜似凝血，品质高贵，属清朝独创，其实乃仿明宣德之宝石红而来。

4 / 清
郎窑红釉瓶

5 / 清
豇豆红莱菔尊

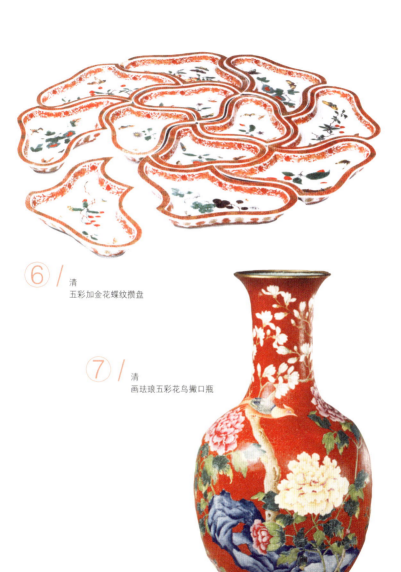

6 / 清
五彩加金花蝶纹攒盘

7 / 清
画珐琅五彩花鸟撇口瓶

8 / 清
粉彩人物笔筒

交流，篆刻的艺术品位也随之提高了。邓石如的印章引进碑额笔意，改汉印之工整方折为圆劲灵动，"刚健婀娜"，别具一格。如**春涯**（011-1）一印取白文形式，圆润浑厚，有力的构架中含有温柔婉媚之姿，书法意味明显；而"雨丝风片，烟波画船"及**"江流有声，断岸千尺"**（011-2）两方朱文印，线条娟秀挺拔，铁线银钩，姿态横生，显示了作者的艺术才华。

011-1 邓石如：春涯

011-2 邓石如：江流有声，断岸千尺

清后期的篆刻大家是赵之谦和吴昌硕。赵字益甫，号悲庵、无闷。他也是一位身兼多艺的作家，学养深厚。**赵之谦**（012-1）的特长是善于创新，他将篆刻的取资范围扩大到古镜、汉砖、钱币、诏版、铜器铭文以及封泥等器物上，兼收并蓄，融会贯通，再施以创造性的发挥，故而其印章风格最为多样，美不胜收。有些作品粗犷、峥嵘，具有古金石之气质；有些印文笔划呈弧形状，颇多残断，饶有古砖文之情趣；有些又曲折夸张，形体变态，仿佛古钱币之印文；还有些则伸发古文之笔意，线条舒展，如美人长袖翩翩，婀娜婵娟，如此不一而足，可谓缤纷琳琅，令人叹为观止。

吴昌硕名俊卿，号缶庐，苦铁。他的生活年代已兼跨近现代，可称清代最后一位古典派艺术大家。吴昌硕诗、书、画三者兼精，对古篆文兴趣尤浓，曾临摹上古石鼓文数十载不辍，

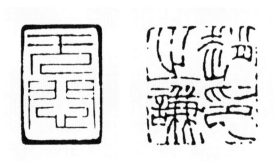

012-1　赵之谦：无闷、赵之谦印

自称"一日有一日之境界"。他的画喜为花卉、瓜果，用篆籀笔法为之，金石气味浓厚，而篆刻也吸收了书法与绘画的技法，在刀法和布局方面比前人更加精于设计，具兼融之美。吴昌硕的篆刻风格追求古拙、淳朴，"不鼓努以为力，不逞姿以为媚"，力求与古人神气相通，而反对单纯的形似。吴昌硕的作品以沉雄豪放为主，自然拙朴中透出一种个性魅力。如"**鲜鲜霜中菊**"（012-2-1）一印，似有陶渊明的诗意美；"**十亩园丁，五湖印丐**"（012-2-2）一印，整体布局上颇具绘画的美感，风格多样，新意迭出。在融汇古人、兼融并善上，吴昌硕实际上是古典派艺术最后的集大成者。

012-2-1　吴昌硕：鲜鲜霜中菊　　012-2-2　吴昌硕：十亩园丁，五湖印丐

荟萃群英

4

工艺世界的复兴与集成

　　明清之交，清兵入关，涂炭生灵，对中原经济造成巨大冲击，明朝造就的高度繁荣，受到了严重破坏。但这种局面并没有持续很久，统治者政策的及时调整，原有的生产水平造就的基础，都使得一度凋敝的农、工、商经济逐步地恢复，又开始接近明中期以后的规模。特别是长江流域一带，手工业的再度繁荣，商业的重新昌茂，城市的侈华富庶，推动着清王朝走向自己的顶峰。几十年后，康熙、雍正、乾隆三朝作为封建社会最后的"盛世"，竟然出现在了18世纪的中国。我们从《扬州画舫录》《书隐丛说》等书中能够看到有关这一盛世生动而具体的描述，就其富裕程度来说，清代其实并不次于明朝，甚或还有过之。但是，它的文化价值取向却与明后期截然不同，这是一个尚古典、回头看的王朝，举国上下，自权威文化、雅文化到俗文化，无有例外。这就使得同样繁华的清代工艺文化呈现出与明代完全不同的审美风貌。

最能体现清朝时代特色的还要数瓷器业。经一度衰败之后，作为瓷都的景德镇再次恢复了往日的繁荣，重新成为洋溢着生命活力的生产基地。法国传教士昂特雷·科莱曾描写他看到的景德镇壮景说："幅员辽阔的景德镇，被袅袅上升的火焰和烟笼罩着，它好像是被火焰包围着的一座巨城，也像一座有许多烟囱的大火炉。"[1]景德镇的几百座官窑、私窑经过顺治时期的过渡，很快重振雄风，进入了新的黄金

时代，并领导了瓷器生产的潮流。假如说明代
的瓷器以追求新奇为美，富有强烈的创造精神
的话，那么清朝的瓷器便以复归传统为美，充
溢着综合与集成精神；明代是追新求异的典范，
清代则是继承综合的楷模，二者构成了瓷器生
产史上的两座高峰。

仿古瓷风　清代瓷器的一大特色在于仿古。我
们知道，历朝各代都有自己的驰名
产品，各地窑场也均备有自己的特
色工艺，然而清代景德镇瓷厂却能
遍仿历代名品，荟萃群英，以包罗万象作为自
己的风貌，"袭历朝之形式，无所不仿，且亦
一一皆得近似"（徐珂《清稗类钞·工艺类》）。
众所周知，宋代有五大名窑，汝窑、官窑、哥
窑、钧窑和定窑，清代能制作出与此五窑逼真
无二的产品来；明代窑业也曾有过几个高峰时

期，永乐、宣德、成化、嘉靖和万历，清窑照样能仿制出与当时水平毫不逊色的精品来，这本身便是一个奇迹。就釉色来说，传统的青釉、黄釉、蓝釉、白釉、紫釉，清代无所不备。这还仅是举其大端而言，其实上述釉色又可分为许多不同的色调，比如天蓝、洒蓝、冬青、豆青、龙泉青、月白、甜白、娇黄、酱黄、瓜皮绿、松石绿、祭红、珊瑚红、茄皮紫、金酱等等。所有这些竟奇迹般地出现在同一个朝代。有人说，康熙朝风光一时的**郎窑红**（彩图4）"仿古暗合，与真无二"（刘廷玑《在园杂志》）。又有人认为，与郎窑红同出的**豇豆红**（彩图5）色彩别致，如美人醉酒，当属康熙自创，其实也是仿宣德朝的红釉而来，甚至上面星星点点的绿斑也仿制得惟妙惟肖。此外如汝窑的鱼子纹，哥窑的金丝铁线，均神差鬼使般地出现在当时的景德镇，难怪有人称清朝景德镇"集中国历代名窑之大成"。

仿古不光体现在釉色方面，还体现在图案和器形方面，像缠枝莲、牡丹、松竹梅、云鹤、龙凤纹，以及"寿"字等这些前代最常见的装饰图案大量地为清代瓷器所采用，而且刻意地模仿成古器皿原有的样子，显示出一种浓厚的古典气氛。至于器形，诸如宋汝窑的三足洗、悬胆瓶、石榴尊，官窑的葫芦瓶、扁壶、文房用具，钧窑的圆式洗、小花尊，哥窑的贯耳瓶、抱月瓶等等，制作得跟古器皿毫无二致，连细枝末节处也酷似而逼真，简直让人难以分辨。最使人吃惊的，是不少的器物竟直接在底部印上古代的年号，如"大明宣德年制""大明嘉靖年制"等等。有人对此表示疑惑，按说清政府是最忌讳褒扬前朝的，怎么能允许大书明代年号呢？这从政治层面是解释不通的。但是从文化的、审美的角度看却完全能够理解，清王朝没有割断自己与前代的联系，相反，文化传承是它存在的最堂皇的理由，它是以传统文化弘扬者的身份自居的。只要是古典的就是美的，只要是古典的，同时也就是自己的，这就是清人的审美观。

两种五彩瓷

清代的瓷器不光是单纯仿古，更重要的在于对古人技艺的融通与综合，在融通与综合当中构造自己的时代特色。就拿五彩瓷来说，明代是一个高峰，创有大明五彩，清代则推出了康熙五彩。康熙五彩自然是对大明五彩的效仿和继承，然而差异也是明显的。明代的五彩属于斗彩，以釉下的青花搭配釉上的黄、红、褐、绿、紫诸色，康熙五彩由于发明了蓝彩与黑彩，于是舍去釉下青花，完全采用釉上彩，致使明代创造的彩瓷变得更加协调、更加完备。不止于此，在诸彩当中，康熙五彩又特意借鉴了唐三彩里的矾红、古黄、古翠、古紫、古水绿等色，有意融唐味于彩瓷当中，显得意蕴丰厚，古趣盎然。人们因此都称**康熙五彩**（彩图 6）为"古彩"。

又比如久负盛名的青花瓷，在明代也是一个高峰，大大超过了元代，蜚声海内外。清代人全面继承了明人的成果，并在此基础上，借鉴水墨画墨分五色的技术，创制了分水法，即将青花料水调制成浓淡不同的类型，根据图案装饰的需要，分别施用。这样绘制出来的青花图案，具有阴阳向背、远近疏密的差别，立体感鲜明，富有水墨画的美感。试看**青花山水图瓶**（013），如婉转群山之中的江水，出没山水之间的渔舟，掩映于山峦之间的房舍，以及参差错落、高低不一的树丛，皆深浅有致，浓淡相间，俨然一幅四王绘

远处的山峰采用了淡青色，山头越近颜色越深，显示出距离感来。同一座山峰也有色调的差别，向阳处为淡，背阴处为深，层次丰富。

013 清青花山水图瓶

制的水墨山水图。此种青花图虽然只用了青花一色，却给人以丰富的色彩感，难怪有人称此项技法为"五彩青花"。

其实融会和综合也是一种创造。

珐琅瓷与粉彩瓷

与青花性质相同的还有珐琅彩瓷。该项品种其实乃移植铜胎画珐琅而来。我们知道，明代的珐琅工艺十分发达，景泰蓝就是它的典型代表。当时盛行的是掐丝珐琅，即把弯成图形的铜丝粘贴在铜胎上，然后于空格处填上珐琅颜料，再进行烧制。后来发现，不用铜丝效果亦佳，于是改行单纯的描画珐琅。清代移植到瓷器领域来的就是这种描画珐琅。珐琅与其他釉彩相比，最大的不同在于改变了过去以清水或胶水调色的习惯，采用油来施彩，这样调制出来的颜料效果独特，给人富丽鲜艳、雍容华贵的感觉。**珐琅彩瓷**（彩图7）在乾隆朝红极一时，身价腾贵，造成了轰动效应。其原因不光在油彩本身，它的制作工序也与其他瓷器不同，即先由景德镇烧出上好的白瓷，然后运送到北京，再请宫廷内的专职画师为之作画，最后在宫中进行二次烧制而成。珐琅瓷的艺术品味当然要比一般瓷器高贵典雅，其图案往往在花卉禽鸟之外，还配有行书题诗，并加盖胭脂红的印章，诗、书、画合为一体，时人都称此类瓷器为"古月轩"，"乾隆瓷以古月轩身价为最巨，古月轩所绘，乃于极工致中极饶清韵，物尤难得"（徐珂《清稗类钞·鉴赏类》）。古月轩实际上是专供宫廷使用的瓷器，除富有古雅美之外，它还饶有一种华贵的气质。

最具创意的大概要数**粉彩瓷**（彩图 8）了。粉彩也是从前代的五彩瓷发展来的，它的特长在于更多且更巧地借鉴了传统的绘画技法。其工序，先在烧制好的器皿上涂上一层含砷的"玻璃白"打底，待其干后，再用掺有铅粉的彩料绘图。粉彩的颜料由于掺入了铅粉，比以前的五彩瓷在色调上显得淡雅柔和，不那么艳丽，而且层次丰富，过渡自然，令人赏心悦目。人们又称其为"软彩"。在设色技巧上，粉彩改变以前的单线平涂为渲染法，即先将彩料施在需要的部位上，然后用干净的画笔依深浅需要将其轻轻洗开，这在绘画上称做没骨渲染。它的好处在于，花卉或者人物的面部能够显出阴暗浓淡的区别，颜色显得更加自然，层次丰富。粉彩瓷的胎胚特别薄，有的如蛋壳一般，质地细腻，洁白如雪，图案在瓷壁的映衬下特别清晰，花瓣上的露光，昆虫身上的茸毛，一一毕现，置于光照之下，皆晶莹透明，内外映彩，审美价值极高。与珐琅瓷相比，粉彩瓷更符合传统的审美习惯，且没有华贵的宫廷气息，故雍正以后，它自然而然地成为彩瓷的主流。粉彩瓷可以视做中国彩瓷工艺的集大成者。

清代的工艺门类大多与瓷器业一样，既勤于仿古，又善于综合、融通。比如与瓷器同样繁荣的漆器业，在螺钿工艺的基础上发展出了"镌甸"，富有浮雕的效果；又在明代描金漆的基础上引进了没骨法，使器皿图案更加自然、挥洒。还有，一件漆器上同时运用填漆、螺嵌、描金，融进绘画、书法等多种艺术，造成精巧叠现，古雅华贵的外观，等等。又如玉雕工艺，一方面仿古玉大量流行，另一方面，引进漆器工艺的戗金、镶嵌等技艺，踵事增华，嵌入金银细丝、红绿宝石等附件，通过拼镶组合，追求玉器华艳富丽的艺术效果等等，不一而足。

仿古和集成是清代工艺文化的两大特色，这当然也属于古雅之美。

〔1〕　《陶瓷资料》，引自冯先铭《中国陶瓷》第 541 页。

5

华夏丰碑

儒道精神在宫殿园林中的体现

　　建筑可以称为人类文明的标志，每个民族都有自己的建筑方式，互不雷同，正如不同的文明存在着鲜明的差异一样。人们不仅仅为了生存而构筑栖身的场所，他们也在按照美的观念创造自己的生活环境。在这里，美是民族个性的物质化体现，也是各民族审美文化的纪念碑。

　　中国的建筑，与其文明一样悠久和辉煌。

巍然于群山之巅的万里长城，深埋于地下的帝王陵寝，都是世界建筑史上的奇迹。而最能代表中国建筑风格和成就的还是宫殿和园林这两大类型，它们集中了中华民族的智慧和想象力，表达了只有中国人才有的生活观念和审美态度，并且二者都在明清时代达到了历史的高峰。

中国的宫殿建造有两千多年的历史，根据史籍记载以及地下的发掘证明，自商代起就已有相当规模的宫殿出现，有人认为还要更早。经过秦、汉、唐、宋、元各代，随着帝王权威的不断增强和建筑技术的持续发展，宫殿的规模和水平日趋壮伟和精湛。久已闻名的秦之阿房宫，汉之长乐宫、未央宫，唐之大明宫，以及元代那带有多民族色彩的壮伟宫殿，都曾代表过中国建筑的最高水平，而今均已湮没不见。我们现今看到的北京故宫是明清时期的帝王建筑，它是在历代宫殿的基础上建造起来的，气魄、规模和成就均超过了以往任何时代，可以说，故宫是中国宫殿建筑的集大成，也是我们民族造型美最为壮观的体现。

故宫：有序化和
对称性建筑的典范

谈到建筑文化，明清两代是不可分的。我们知道，北京故宫建成于明永乐年间，原应属于明代的成果。

易代之后，清王朝没有依照以前的惯例，拆毁旧制，重建新宫，而是全盘继承下来（仅更改了部分名称），这反映出了清人的文化态度。此外，现今看到的故宫大部分已经过清人的重修和重建，其中有一些还属于扩增，如宁寿宫和乾隆花园等。所以，作为明清两代的皇宫，它实际上是两朝文化的结晶。

中国的建筑有一个鲜明的特点，这就是它的集群性。与西方一般崇尚单个、突兀的建筑不同，中国的建筑往往是群体的组合，这一点故宫体现得最突出。实际上**故宫**（彩图9）是一个庞大的建筑群。所谓壮观、伟大，对故宫来说其实是通过庞大的群体来实现的。与这一点相关联，故宫建筑真正强调和追求的不是向空中的发展，而是在地面的延伸，整座故宫占地72万平方米，绵延成一个长方形的区域，简直是一个"国中之国"。这种以平面延伸为壮美的观念体现了中国人的空间意识，毕竟辽阔才是伟大，集群方显崇高。

　　庞大的群体并不是散在的，相反，它呈现为极规则的分布，最显著的特点在于那条贯穿南北的中轴线。所有重要的建筑物都排列在这条中轴线上，其他的建筑则按照对称原则分布在它的两边。此中轴线南起永定门，经前门、天安门、午门，入内城，然后历太和、中和、保和三大殿，抵后庭乾清、交泰、坤宁三大宫，再穿过御花园，出神武门，越景山直到地安门才结束，全长约八公里。它是故宫的中心，象征着至高无上的权威与尊严，也是故宫整体构思的着眼点所在。中轴线的两侧为均衡、对称式的分布，如天坛和先农坛，太庙和社稷坛，文华殿和英武殿，内庭的奉先殿和养心殿，东六宫与西六宫，乾东五所与乾西五所等等，按照尊卑、亲疏的原则，由近而远相对排开，形成一种中高边低，群星拱月的格局。从伦理层面上说，这种格局体现了儒家尊卑有序、等级分明的封建意识，是封建社会体制在建筑领域的典型体现。而从审美的层次上看，强调群体组合，强调有序化和对称性，追求平面伸展、主次对衬，又是中华民族普遍的审美观的体现。所以故宫建筑的格局既是伦理的，又是审美的，既是历史的，又是民族的。

凝固的音乐与绚丽的图画

故宫群落最强烈的艺术效果还是壮丽之美。西方美学家曾将建筑比喻为凝固的音乐，如若把故宫也视做乐曲的话，那么它就是一支气势磅礴、跌宕起伏的交响乐。请看，永定门、正阳门是它的序曲，至天安门形成第一个高潮，午门为第二个高潮。经由此两处铺垫，到三大殿推向了最大的高潮，并在多重伴奏下达到辉煌的顶峰。然后经乾清门入后庭，迎来了后三宫的再度迭起，与前三殿形成呼应，乐曲在此回旋往复，最后经御花园的变奏，至景山步入尾声。全曲在起伏跌宕、变化重复中推进，令人不断地获得惊喜，又不断地怀有期待，一路下来，回肠荡气，余音绕梁，令人不得不为其气概和魄力所折服。

　　宫殿的排列组合固然非同凡响，对空地的设置也同样精彩。其实没有空地的存在，宫殿的巍峨壮观就显示不出来，想一想那宽阔的天安门广场，对于衬托天安门的高大威严起了多么重要的作用。还有前门外那段狭长的空间，午门前那块长方形空地，均造成了一种森严、神圣、带有威慑性的气氛。无低不足以显高，无虚不足以托实，中国人的虚实观、有无观在这里亦表现得十分充分。尤其是**太和殿**（俗称金銮殿，彩图 10）前那块占地 2.5 公顷的正方形广场，正对着 35 米高的金銮宝殿，那是文武百官朝圣的地方。本来建筑物并不算太高，但是由太和门向前，穿过这片开阔的空地，再升登汉白玉石阶，仰望殿堂，简直就有登天的感觉。"非壮丽无以重威"，当年萧何说的这句话在此得到了绝好的印证。宫殿与空地之间是靠庑廊和宫墙连接的，北京有内外两道城墙环绕，外城为皇城，以东安门、西安门、地安门和天安门为城门，内城为紫禁城，以午门、东华门、西华门和神武门为城门，一律黄瓦、红墙，与宫殿同类。紫禁城四隅，又建有四座角楼，体制亦同。这样，把所有的宫殿建筑，包括其间的空地合为一个有机的整体。点与线的结合，实与虚的对衬，构成了独特的中国式的壮观、宏丽之美。

故宫的壮丽不光像一首磅礴的乐曲，从某种意义上说，它其实更像一幅绚丽的图画。中国的建筑都是砖木结构的，这种以木材为骨架的屋子需要架梁叠枋，一般顶部都比较大，古代建筑顺势别开生面，将脊面设计成弯曲的形状，并使其檐角向外飞出，并反过来向上翘起，这种婉曲的线条，给人以视觉上的美感。可以说，屋顶是中国式建筑最引人注目的部分，而故宫恰可说是中国屋顶建造的典范。你看，位于三大殿之首的太和殿采用的是最高级别的四面坡、两层脊的重檐庑殿式屋顶，这种屋顶极为气派，给人神圣、威严之感。屋顶上面还有许多装饰，正脊两端各有高达三米的浮雕式正吻，上面刻着一条飞龙，张嘴衔住正脊，尾巴向上翘起。四条屋脊的最前端，还排列着一串走兽造型，显得雍荣华丽。**中和殿**（彩图 11）相对面积较小，呈正方形，采用的是攒尖式屋顶，四边各有一条屋脊到达顶端，最上部是一个渗金圆顶，灿灿发光。保和殿则采用了重檐歇山式屋顶，两侧中段折出，给人以变化和层次感。其他故宫的屋顶，有单檐的，有双檐的，有方形的，也有长形的，仅一座午门就采用了三种格式，它们高高低低，钩心斗角，且错落有致，令游人叹为观止。

最富有画意的还在于建筑物的色彩，故宫所有的屋顶都是用黄色的琉璃瓦铺成的，只有在湛蓝色的天空之下，你才能感受到这种耀眼的色泽之华丽尊贵，其实这是一种近似阳光的颜色，它构成了故宫色彩的第一个层次。下面是红色的廊柱和砖墙，它们托起了夸张的屋顶。最后，重要的建筑物都有白色的石基，前三殿及后三宫还有数层汉白玉护栏围绕，架于金水河上的金水桥、天安门前的华表、宫殿前成对的石狮子也均由白石雕砌而成。雪白的底座，红色的宫墙，配以金黄色的琉璃瓦，在北京灿烂的阳光下，是一幅怎样绚丽的图画！故宫的色彩与整体的设计合为一体，将中国建筑的壮丽之美挥发到了极端，它不仅属于明清两代，其实也是中国宫廷建筑最全面的历史总结。

江南私家园林

中国的建筑文化与其主体文化一样，也是一分为二的。如果说宫廷建筑代表的是理性，是秩序，是人为之美，相当于儒家的价值观；那么与之相对，还存在着另一种尚自然、尚自由、崇朴素的审美倾向，与道家的价值观相呼应，该倾向的代表便是园林。这里所说的园林是指私家的宅第式建筑，而非皇家园林。众所周知，北京的皇家园林在清代亦达到了高峰，诸如圆明园、清漪园（颐和园）以及承德的避暑山庄等，都是大型的帝王园林，它们均以其庞大的规模、丰富的设置和精湛的技巧而成为中国建筑史上的瑰宝。但是，从文化的角度说，这些园林不具备独立性和典型性。真正代表自然审美精神的建筑文化，当推江南私家园林。

南方的私家园林有着悠久的历史。魏晋南北朝时期，那些大量兴造的私人别墅实际上就是园林式建筑，它们与隐逸之风相关联，表现了古代士人爱好自然的本性。随着都市规模的扩大，士人居住环境与自然距离的拉开，建造园林的热情在不断上涨。江南有着优越的自然条件，加上日益发达的社会经济，所以园林建筑在那里蔚成风气。到了明清，该地的技术水平远远超过其他地区，达到了历史的高峰。南京、扬州、常州、无锡、苏州、杭州等地几乎成了园林式的都市，仅苏州一地便建有园林一百五十余座，确然成为中国古代建筑的一大景观。与宫廷式建筑相比，江南园林最大的特色在于自然之美，它的动人不在群落式的建筑，也不在人为的装饰，而在于营造优美的自然环境，创造一种回归大自然的氛围。

实际上园林的主体并不是建筑物，而是自然山水。对中国人来说，置身山水之中，即等于回归自然，使人"忘此身在城市矣"。所以园林中山和水这两大景物是必不可少的。江南本多水乡，引水入园，使池水弯环盘绕，是题中应有之意。而山峦丘陵占地面积过大，且非随处皆有，故多用叠石代之。叠石本身是门学问，要力求叠成嵯峨峥嵘之状，引发人的丰富联想，典型者如苏州的狮子林，以太湖石叠就，酷似群狮起舞，形状狰狞，颇富野趣。在此基础之上，再筑以亭台廊榭，植以花卉树丛，于是宛然成一处市外山林，自然之美出矣。

自然之美不仅指景物本身，其实也指人们对园林建设的规划。我们知道，宫廷建筑强调的是人为因素，如中轴线的设置，对称与均衡的追求等，园林建设却反对这样做，它就是要打破对称，打破均衡，尽量显出天然、自在的样子。《红楼梦》第十七回中贾宝玉评说大观园时曾指出，园林当"有自然之理，得自然之趣"，"非其地而强为其地，非其山而强为其山，即百般精巧，终不相宜"。这是一条普遍的原则，实际上要求园林设计者顺应地势本身的特点，借助周围的天然景物，使园子与整个环境融为和谐的整体。

南京有一座半亩园，建于清凉山下，左有莫愁湖，右有狮子岭，闹中取静，构置素雅，与幽僻的环境形成一种协调关系，体现出主人龚贤的隐居之趣。无锡著名的**寄畅园**（014），建于惠山之麓，因得二泉水之便，依山凿池，故有八音涧、锦汇漪、知鱼槛等景点。扬州的倚虹园修在瘦西湖边，建有饮虹阁、涵碧楼、春水廊等景

014 无锡寄畅园

致，与湖水相配相得；而篠园则筑于著名的廿四桥边，襟带保障湖，一方面建有修到亭、来雨阁、畅余轩等景点，与遍地芍药构成特殊的氛围；另一方面北对蜀冈三峰，南望瘦湖红桥，形成一种远近相映、左右逢源的形势，建筑学上称此为"借景"（李斗《扬州画舫录》）。

回归自然的审美追求

尊重自然、顺应自然是道家思想的精髓所在，也是园林建筑的美学理念和艺术追求，它体现在设计和规划上，也体现在基本的美学风格中，这就是返璞归真。皇家宫苑讲究的是金碧辉煌、华贵富丽，江南园林正好相反，只求朴素、淡泊，唯欲清新静穆。你看，所有园林外面的围墙都是雪白的，上面覆盖着一种接近黑色的深青色筒瓦，它们与周围披拂的树影、晶莹的湖水配在一起，给人一种亲切、温馨的感觉。江南园林的门与宫殿之门也截然不同，往往仿造岩穴，建成月洞形状，穿行其中，令人产生别有洞天之感。
返璞归真是一种境界，它表达了中国人对自然那
种深深的依恋关系。只有生活于质朴、天真的自
然环境之中，人们才会有家的感觉，这大概就是
"天人合一"吧。园林是人栖身的家园，也是人
精神的家园。

　　崇尚自然之美并不意味着无所作为，相反，
园林的构造实在是一门高深的艺术，因为自然山
水是散在的，而每一座园林的面积都十分有限，
要在有限的空间里容纳尽可能多的山水之美，这
是一大难题。在这方面江南园林可说是穷尽巧
思，极尽变化。我们看到，没有一座园林是一览
而尽、一目了然的，入门以后必有许多遮掩，有
的用假山石作障，有的以粉墙为隔，一座园林因
此被分隔成若干区域。各个区域的景致并不相
同，有一些以山石为主，有一些则以池水为主；
有的姹紫嫣红、芳香袭人，有的则杨柳低垂、绿
草如茵。区域之间又不是截然分开的，在隔障的
粉墙上往往镶着许多不同形状的漏窗，站在这
边，能看到墙那边的某些景致，虽然看不全，却
也构成了一景，如同一幅幅的图画，嵌在墙上。

随着观察者的移动，墙景也在变化。除了粉墙之外，园林中还建有长长的回廊，回廊亦是分隔景物的一种方式，它比粉墙透明度更大，两边并没有墙壁，只有柱子支撑着，从回廊里可以看到四面的景物，形成一种既隔又不隔的态势。回廊都是曲折幽深的，末端往往隐没在园宅深处，令人有曲径通幽之感。

此外，同一处景致，站在不同的角度，观察的效果也会不一样。苏州的**拙政园**（彩图 12）中心有一方大池塘，其间满植莲花，是园中的主景。临池建有一座舫形的香洲，人们可以贴水近观；旁边不远有一小丘，顶上建有一座荷风四方亭，又可以从高处向下俯视；对面隔着花径，还有一方倚玉轩，坐在轩中还可以自远处遥观。同一处水景，位于不同的观察处所，可获得不同的美感效果。同时，这些处所本身又成为园中景物的有机组成部分。扬州有一座个园，占地很小，在这个不大的空间里却造就了四季之景。一进园门，修竹成林，地上铺满石笋，给人春意盎然之感；转过园墙，见到山水一泓，淙淙溅下，秀木繁荫，曲桥掩映，俨然一派夏景；再转一处，山石峥嵘，涧谷狭深，夕晖斜照，满目萧索，似入深秋；最后，高墙掩映，绿意全消，只见白石盖顶铺径，又有冰雪严冬之气氛。园林建筑的全部艺术性就体现在这种人工与自然的完美结合上。

从精确的意义上说，建造园林的目的并不是客观地再现自然，而是诗意地表现自然。在这一点上，它与中国的山水诗、山水画实际上属于同一性质，对象都是自然山水，但表现的又都是感受化了的自然，也就是审美对象化的自然，这个自然是两种真实的统一：自然的真实与人的审美感动的真实。所谓自然之美指的就是这样一种合而为一的真实，其实离开了人的审美，自然是谈不上美的。人与自然的审美关系对中国人来说实际上更是一种诗意的关系（山水画也被称为无声诗），每当游客来到一处景致跟前，便会自然而然升起一种诗意的感动，此正是园林建筑者期望收到的审美效果。所以中国园林中，往往还配有不少的匾额，给不同的景致冠以诗化的标题，如《红楼梦》十七回中指出的，"偌大景致，若干亭榭，无字标题，任是花柳山水，也断不能生色"。标题的功能在于对景物的诗情画意加以点醒，给观者的欣赏加一点催化作用，同时它也体现了文人韵士的一种古雅好尚。比如，南京随园的"蔚蓝天"，"小香雪海"；苏州狮子林的"含辉峰"，"玉鉴池"，"小飞虹"，归田园的"兰雪堂"，"竹香廊"，涉园的"吾爱亭"，"浮红漾碧"；杭州皋园的"梧月楼"，"小沧浪"，"墨琴堂"，"绿雪轩"；扬州江园的"杏花春雨"，"银塘春晓"；仪征朴园的"寻诗径"，"识秋亭"，上海豫园的"玉玲珑"，吾园的"红雨楼"等等（钱泳《履园丛话》）。除标题之外，不少建筑物的入门两侧还挂有名人雅士题写的对联，用诗的形式对景物进行描绘，如"柳占三春色，荷香四座风"，"雨过净猗竹，夏前香想莲"，"明月夜舟渔父唱，隔帘微雨杏花香"，"怪石尽含千古秀，春光欲上万年枝"，"数片石从青嶂得，一条泉自白云来"（李斗《扬州画舫录》）等等，举不胜举。这类标题和对联并不能使园林景物本身发生什么变化，但会作用于观赏者的感受力，使他们产生丰富的诗意的联想。园林景观创造的不但是身游的环境，也是心游的氛围，在不知不觉中，设计者已将自己的审美理想灌注进去了。

总归起来说，明清时代园林的设计和建构既表现了人与自然亲密的审美关系，同时也表现出浓厚的古雅趣味和情调，是道家文化的历史总结和审美呈现。

6

无限夕晖

传统诗文最后的辉煌

有清一代这种浓厚的尚古气氛也扩及到了文学领域，一个非常明显的反应是传统诗文出现了复兴。众所周知，自元代开始，居有正统之尊的诗歌、散文就走上了衰颓的道路，无可奈何地让出它在文艺领域的主导地位，退缩到一块不大的区域，去孤芳自赏了。明中叶以后，曾经有过一次复古运动，但没有成功。这应该说是必然的，那时的社会气氛是商品经济日益发达，市民文化迅速膨胀，正酝酿着向权威文化发起冲击，复古运动实际上仅起到了一个导火索的作用，它根本不是主角。此外，经验的不足也是导致此次运动失败的一个重要原因，当时的有些做法应该说是相当幼稚的。入清以后，情况不同了，历史创造了一次全面复兴古文化的机遇，人们不仅仅为了某种功利目的推崇古学，他们更以审美的态度去对待古文化。在这种氛围下，古典文学的复兴简直就是必然的。

与此同时，清人也认真地总结前人的经验，在创作思想上提出了许多符合艺术规律的主张。比如顾炎武指出："诗文之所以代变，有不得不变者。""故不似，则失其所以为诗；似，则失其所以为我。李、杜之诗所以独高于唐人者，以其未尝不似，而未尝似也。"（《日知录》卷二十一）这种观点兼顾到了"古人"与"我"两方面的关系，见识迥出明人之上。清初的文坛领袖钱谦益针对七子"文必秦汉，诗必盛唐"说，推出广泛师法、融会贯通的思想，即所谓"上薄风雅，下该沈宋"，"别裁伪体，转益多师"（《初学集》卷三十二），学习方法上也比明人聪明多了。钱谦益还特别强调时代因素对文学的影响，说："穷于时，迫于境，旁薄曲折而不知其使然者，古今之真诗也。"（《有学集》卷四十七）也就是说，创作冲动只能来源于人的现实处境，欢乐和悲伤是不能靠模仿获得的。这些思想对于清代传统文学的复兴意义重大，使清代诗文创作从一开始就步入了健康的轨道。

继宋之后的又一座高峰　传统文学中，成就最突出的，当数诗歌。唐诗之后，只有宋诗和清诗可以并称为两座高峰。然而宋诗和清诗又不同，宋诗有自己鲜明的特点，不管人们对它评价怎么样，总归是自成一格；清诗呢，它就仿佛是一座大熔炉，前朝各代所有的体裁和风格它几乎都有，且能够融会贯通，为己所用。有人说清诗的特色就是集大成，这方面它与清代文化的总体特色恰又是一致的。

当然，从审美的角度看，清诗还是有自己风貌的，这就是以悲为美。悲是一种特殊的时代感受，对清人来讲，那是发自内心的真情的倾诉，是一种自我的安慰，一种对生活的希望，还是一种郁闷的宣泄，它使人们找到了生存下去的理由，以及与传统融为一体的归依感。凡是诗化的情感就必然是悲的，凡是悲的才是美的，清人的这种审美观其实正自传统继承而来。让我们来看一看以悲为美的诸种形态。

先举顾炎武的作品为例：

> 清切频吹越石笳，穷愁犹驾阮生车。时当汉腊遗臣祭，义激韩雠旧相家。陵阙生哀回夕照，河山垂泪发春花。相将便是天涯侣，不用虚乘犯斗槎。（《又酬傅处士次韵》之一）

这是一首悲愤之作，其中用了很多典故，但还是掩遮不住激烈的情感。作为一个明代遗民，顾炎武怀有满腔的家国之恨，此种感受太沉痛、太深厚，以至他觉得只有采用杜甫诗歌的格调才能予以表达。顾炎武的这类七言律体诗的确受到了杜诗的影响，有人曾评论说："无限悲浑，故独超千古，直接老杜。"（林昌彝《射鹰楼诗话》卷十八）然而，这绝对不是依样画葫芦式的模仿，顾诗有自己的悲慨。试看那第三联，"陵阙生哀回夕照，河山垂泪发春花"，这种绝望的沉痛，只有身为遗民的人才可能写得出来。跟明代的假唐诗相比，顾诗创造了一种古人与自我合一的典范，难怪有人称他为"本朝诗家开山"（林昌彝《射鹰楼诗话》卷十八）。

自从白居易作《长恨歌》和《琵琶行》，开创七言长篇叙事体以来，很少有人承继他，然而清初此种诗体又重新放射出光彩，有清诗大家之称的吴伟业采用此种诗体，叙写明末清初重大的历史事件，缠绵凄婉，长歌当哭，轰动一时。他的《圆圆曲》最为人传诵，取明末降将吴三桂和一代名媛陈圆圆悲欢离合的故事，串述李自成起义失败、清兵入关的史实，读来悲戚动人。全诗篇幅较长，这里且录片段：

鼎湖（指崇祯帝）当日弃人间，破敌收京下玉关。恸哭六军俱缟素，冲冠一怒为红颜。"红颜流落非吾恋，逆贼（指李自成）天亡自荒宴。"电扫黄巾定黑山，哭罢君亲再相见……家本姑苏浣花里，圆圆小字娇罗绮。梦向夫差苑里游，宫娥拥入君王起。前身合是采莲人，门前一片横塘水。横塘双桨去如飞，何处豪家强载归？此际岂知非薄命，此时只有泪沾衣。薰天意气连宫掖，明眸皓齿无人惜。夺归永巷闲良家，教就新声倾坐客。坐客飞觞红日暮，一曲哀弦向谁诉？白皙通侯最少年，拣取花枝屡回顾。早携娇鸟出樊笼，待得银河几时渡。恨杀军书底死催，苦留后约将人误。相约恩深相见难，一朝蚁贼满长安。可怜思妇楼头柳，认作天边粉絮看。遍索绿珠围内第，强呼绛树出雕栏。若非壮士全师胜，争得娥眉匹马还。娥眉马上传呼进，云鬟不整惊魂定。蜡炬迎来在战场，啼妆满面残红印……尝闻倾国与倾城，翻使周郎受重名。妻子岂应关大计，英雄无奈是多情。全家白骨成灰土，一代红妆照汗青。君不见，馆娃初起鸳鸯宿，越女如花看不足，香径尘生鸟自啼，屧廊人去苔空绿。换羽移宫万里愁，珠歌翠舞古梁州。为君别唱吴宫曲，汉水东南日夜流！

吴伟业的诗弥漫着一股浓厚的感伤气氛，这一点与白居易的叙事诗相通。但吴诗的音律和辞藻要比白诗华丽妖艳，有一种"千娇百媚"的风姿，这其实又受到了"初唐四杰"歌行体的影响。《四库提要》评论说："格律本乎四杰，以情韵为深，叙述类乎香山，而风华为胜。"可见吴伟业是"转益多师"、自铸一家的。这种把悲伤和华艳融合在一起的风格，人们称之为"梅村体"（伟业号梅村）。"梅村体"堪称清诗一大宗。

感伤美与神韵诗

康熙初期，诗坛上还流行过一股神韵诗潮，领袖人物是王士禛（号渔洋）。王士禛生活的时代已由战乱转入安定，明清易代的疮痍渐近平复了，因此他的诗风与遗民作家有所不同，喜欢摹写自然山水，推崇王维、孟浩然一派，以"不着一字，尽得风流"为极致，这就是所谓的"神韵"。康熙皇帝特别欣赏王士禛的诗，许之为正宗。然而王渔洋的得名却和所谓"正宗"无关，他真正打动人心的作品实际上并不类王、孟，而是接近中唐的大历作家。这里且举他的成名作《秋柳四章》之一为证：

> 秋来何处最消魂，残照西风白下门。他日差池春燕影，只今憔悴晚烟痕。愁生陌上黄骢曲，梦远江南乌夜村。莫听临风三弄笛，玉关哀怨总难论。

秋天哪里是最令人悲伤的地方？夕照下的金陵城总让人魂牵神往，春燕矫捷的身影就像一场梦，留给了秋柳无限的遐想。这位摹写山水的大家，"不着一字"的诗人竟有如此多的哀怨和惆怅！他实在不能不这样，因为秋柳毕竟不是春风中的杨柳啊。王渔洋的神韵诗和画界的四王在审美趣味上非常接近，他们都以山水自然为描写对象，都善于通过山水来表达时代的感受，而且均受到了康熙皇帝的称许，大概因此有人认为他们是粉饰太平的作家。殊不知这恰是康熙笼络人心的高明之处，心中的伤痕本来是不能靠强压来抹平的。

乾隆时代还出了一位才华横溢的诗人，人称李白再世，他就是黄景仁。黄景仁的气质、风神的确酷似李白，其命运却远不如李白，属于穷困潦倒、英年早逝的作家，试看他的《太白楼醉中作歌》：

> ……是日江上同云开，天门淡扫双蛾眉。江从慈母矶边转，潮到然犀亭下回。青山对面客起舞，彼此青莲一抔土。若论七尺归蓬蒿，此楼作客山是主。若论醉月来江滨，此楼作主山作宾。长星动摇若无色，未必常作人间魂。身后苍凉尽如此，俯仰悲歌亦徒尔。杯底空余今古愁，眼前忽尽东南美。高会题诗最上头，姓名未死重山丘。请将诗卷掷江水，定不与江东向流。

此诗最能显示作者的才华，人赞李白再世，不为虚言。然而诗中却也流露出不得其志、抱负难展的悲哀，这是黄诗最打动人的地方。郁达夫说过："要想在乾嘉两代的诗人之中，求一些语语沉痛、字字辛酸的真正具有诗人气质的诗，自然非黄仲则（景仁字）莫属了。"（《关于黄仲则》）读黄景仁的诗，有时会觉得他像一个天真的大孩子，全不知道隐藏，只是一味地倾诉，这种毫无保留袒露感情的作家，这种写诗写得如此投入的作家，后代真是不多见了。再看他那首被人广为传诵的七绝名篇："千家笑语漏迟迟，忧患潜从物外知。悄立市桥人不识，一星如月看多时。"
(《癸巳除夕偶成》）诗中那颗孤独的星星和诗人
一样，在热闹非凡、繁花似锦的乾隆盛世里顾影
自怜，凄苦无依。这便是所谓的"盛世悲音"。

清词的一片精彩

在诗歌出现复兴的同时，词的创作
也走出了长期的低谷，呈现出一片
精彩。词本是古代诗歌中另一种格
式的抒情体，它的表现领域不及诗
宽广，但在抒情方面却往往能更深地切入内心，
摇荡人的情性，清词的成功正是充分发扬了这
一传统特色。有人认为词的基本美学特征是感
伤，这是有道理的。如果说，宋词当中的感伤
更多地表现了个人的感情经验和时代之感受的
话，那么清词就在具备这些内涵的同时，又掺
入了对历史的感悟和回顾。清人善于将自己的
时代感受与历史上众多类似的感受联通起来，
于慨今抚昔的大背景中展开想象，这样获得的

美感体验就显得更深、更广，此也是以悲为美
的特色之一。

我们且来看浙派词人朱彝尊的一首《卖花声》：

> 衰柳白门湾，潮打城还。小长干接大长干。歌板酒
> 旗零落尽，剩有渔竿。　秋草六朝寒，花雨空坛。更无
> 人处一凭阑。燕子斜阳来又去，如此江山。

朱彝尊前期的词作往往借凭吊古迹来传达自己的
悲哀，此即所谓的"空中传恨"。实际上，对历
史的感慨本身也是作者情怀的一部分，古与今在
作品当中是合而为一的。就此而言，"空"未必
不是一种"实"。再如"十二园陵风雨暗，响遍
哀鸿离兽。旧事惊心，长途望眼，寂寞闲庭堠"
（《百字令·度居庸关》）；"亡国春风，故宫铅水，
空余芳草，冷花开遍江南岸"（《笛家·题赵子固
画水墨水仙》）；"沧海人归，圯桥石杳，古墙空
闭。怅萧萧白发，经过揽涕，向斜阳里"（《水龙
吟·谒张子房祠》）等等。浙派词人一向推尊南
宋的姜夔和张炎，对姜、张，他们是确有继承
的，然而这种推尊并没有妨碍他们创造出属于清
人的审美境界。

　　与浙派同时崛起于词坛的还有以陈维崧为代表的阳羡派。浙派以婉约为主，阳羡派则以豪放为主，宋代两大流派在清朝均有了自己的传承者。婉约、豪放在风格上虽有阳刚、阴柔之别，然以悲为美这一基本的美学特征，却又是相同的，试看陈维崧的怀古词："凭高对景心俱折，关情处，燕昭乐毅，一时人物。白雁横天如箭叫，叫尽古今豪杰。都只被、江山磨灭。"（《贺新郎·秋夜呈芝麓先生》）"腕下，多少孤城战马，一时都作哀湍泻。今日黑闼营空，尉迟杯冷，落叶浮青灞。百年青史不胜愁，两行银烛空如画。"（《鹊踏花翻·春夜听客弹琵琶作隋唐平话》）"碧落银盘冻，照不了、秦关楚陇。无数蛩吟古砖缝。料今宵，靠屏风，无好梦。"（《夜游宫·秋怀》）陈维崧显然以辛弃疾作为自己的楷模，但他毕竟身处封建社会的末期，那种沉重的历史负载，那种苍凉的时代感受，令他的视野、情怀与辛稼轩产生了很大差异，就好像一个历经跋涉的人，站立在路途的尽端，蓦然回首，其感慨是特别丰富而复杂的。再请看他的名作《点绛唇·夜宿临洺驿》：

> 晴髻离离，太行山势如蝌蚪。稗花盈亩，一寸霜皮
> 厚。　赵魏燕韩，历历堪回首。悲风吼，临洺驿口，黄
> 叶中原走。

小令词篇幅短小，一般难以表达气势磅礴、含量沉厚的内容，但此作却涵盖千古，力重千钧，难怪吴梅在《词学通论》中赞许说："即苏（轼）、辛（弃疾）复生，犹将视为畏友也。"陈氏美学境界的形成当然不是偶然的，它既是陈维崧个人的才气所致，也是清代这一历史氛围的产物。

在清代还有一位独树一帜的词人，即纳兰性德。他身为满族贵胄，却有着一颗敏感而充满忧伤的心灵，词的风格逼近李后主，被人称为李煜后身。一个受到皇帝宠信、身份高贵的作家何以会怀有如此多的悲伤，这常常是人们感到不解的地方。王国维在《人间词话》中说："此由初入中原，未染汉人风气，故能真切如此。"其实从当时的历史氛围来看，这句话或应反过来说，恰恰是纳兰性德受汉文化濡染太多了[1]。我们来看他的一首怀古之作：

> 今古河山无定据，画角声中，牧马频来去。满目荒

凉谁可语？西风吹老丹枫树。　　从前幽怨应无数，铁马金戈，青冢黄昏路。一往情深深几许？深山夕照深秋雨。(《蝶恋花·出塞》)

这是纳兰性德身任扈从，随皇帝出塞时写下的。词中作者并没有居高临下，以征服者自居，相反，他的审美立场站在汉民族一边。特别是下阕中，作者甚至提到了王昭君的"青冢"，这就使得无数幽怨具有了更加明确的色彩。

作为词人，纳兰性德的特别之处就在于他往往能超越自身的处境，和整个时代氛围发生交流和沟通，正如他词中说的："不恨天涯行役苦，只恨西风，吹梦成今古"(《蝶恋花》)，他在词中表达的，也可以说是整个时代的哀怨和忧伤。

散文的复归

由明入清，散文风气亦发生了变化，那种自由、潇洒的小品文渐近消歇，文风开始向传统回归。也许受创作规律的制约，散文的复归，并没有造成诗词那样的高峰效应，其中具审美价值的文学类散文尤其如此。这当中虽然有桐城派的崛起，但因其过于推崇理学，观念陈腐，成就远不能与秦、汉、唐、宋相比。清代散文从内涵到体式都具有古雅之美，且确能打动人心的还要算前期的传记体散文。人们选中传记做文章，除了有归依传统之用意外，也是为了传人记事，表达自己的感慨。就此而言，传统的叙事体散文还是显出了它的生命魅力的，或也可称之为一种复兴吧。

清初有所谓古文三大家，即侯方域、魏禧和汪琬。此三人皆长于传记，并有佳作传世。侯方域最为人称颂的是那篇为歌妓树碑立传的《李姬传》。李姬是孔尚任《桃花扇》一剧中李香君的原型，作者与之有过一段不平凡的爱情经历，以此为基础，侯氏创作了这篇散文，其最后一段这样写道：

> 未几，侯生下第，姬置酒桃叶渡，歌琵琶词以送之，曰："公子才名文藻，雅不减中郎（指蔡邕）。中郎学不补行，今琵琶所传词固妄，然尝昵董卓，不可掩也。

> 公子豪迈不羁，又失意，此去相见未可期，愿终自爱，
> 无忘妾所歌琵琶词也！妾亦不复歌矣！"
>
> 　侯生去后，而故开府田仰者，以金三百锾，邀姬一
> 见，姬固却之。开府惭且怒，且有中伤姬。姬叹曰："田
> 公岂异于阮公（指阮大铖）乎？吾向之所赞于侯公子者
> 谓何？今乃利其金而赴之，是妾卖公子矣！"卒不往。

正宗古文在叙事上讲究雅正，凝练，简而不烦，侯方域基本上是遵从这一传统的，他的文风与晚明诸家确然不同。但他又能在简练当中生动、传神地写出李姬的款款深情和凛凛正气，令读者如闻其声，如见其人，应该说还是难能可贵的。

与侯方域相比，汪琬为文更加严谨，古典气味也更重。不过亦不乏摹写生动的作品，比如《江天一传》中，他记述抗清志士江天一慷慨就义的经过，严肃当中饱含情感，从容当中显露激烈，将古典散文的特色发挥得恰到好处。试看其叙写江临刑的一段：

> 大帅购天一甚急。天一知事不可为，遂归，嘱其
> 母于天表（其弟），出门大呼："我江天一也！"遂被

> 执。有知天一者，欲释之。天一曰："若以我畏死邪？
> 我不死，祸且族矣。"遇金事公于营门，公目之曰：
> "文石！汝有老母在，不可死！"笑谢曰："焉有与人
> 共事而逃其难者乎？公幸勿为吾母虑也。"至江宁，总
> 督者欲不问，天一昂首曰："我为若计，若不如杀我，
> 我不死，必复起兵！"遂牵诣通济门。既至，大呼高
> 皇帝者三，南向再拜讫，坐而受刑。观者无不叹息泣
> 下。越数日，天表往收其尸，瘗之。而金事公亦于是
> 日死矣。

此作的价值观和审美观是传统的，行文的章法也是传统的，内容与形式构成一种和谐的统一。江天一这一忠臣志士的人格精神于此也得到了伸张。清初此类传记体散文曾风行一时，其中优秀者，还有魏禧的《大铁椎传》、邵长蘅的《阎典史传》、侯方域的《马伶传》、汪琬的《周忠介公遗事》以及方苞的《左忠毅公逸事》等。

如果说诗词的整体特色是以悲为美，那么传记散文的特色便是以气节为美，气节是传统士大夫人格的重要组成因素，散文作者张扬这

一点，显然有呼唤古典人格、重新给士人定位的企图，这可以看做对晚明人格的一种否定，也可以看做对明代复古派的呼应。这种情况标志着清代社会的文化趋向较明代末期发生了重大转变。

传统诗文的复兴带来的确实是审美文化包括士大夫人格在内的一次全面的复归，历史的迂回曲折于此可以看得特别清楚。

〔1〕　　严迪昌《清词史》第284页，江苏古籍出版社版。

古典精神的自我批判

清代的古典文化毕竟是封建社会末期的文化，随着社会本身走向衰老自固、僵化腐朽，这种古典型文化内在的弊病也开始凸现。特别是经过明末反传统思潮的冲击，明清易代的动荡，以及执政者出于统治目的的倡导，所谓正统文化实际上已经千疮百孔。所以在文化复兴、艺术繁荣的后面，危机也在蔓延和生长。针对这种情况，古典文化内部生长出了一种自我反思和批判的精神，对传统文化的价值和命运表示了怀疑和忧虑。于是清代的古典文化就具有了这样两大特质：一方面是集大成，是审美文化的全面综合；另一方面是文化的自我反省，是深刻的批判和自我否定，两方面相互对立，又相互补充；相互渗透，还相互依存，造成了清代审美文化特有的二重性。

如果说著名思想家顾炎武、黄宗羲、王夫之、唐甄、戴震等人对君主专政制度、科举取士制度及宋明理学的震撼人心的批判代表了哲学和政治领域的文化反思的话，那么审美方面的批判则主要集中在戏曲和小说这两个领域。方式不同，但达到的深度实际上并不亚于上述诸家，有些方面对后代的影响甚至更大。这一份文化遗产值得我们格外地珍视。

1 『人生如戏』

戏曲艺术与理性反思结缘

　　经过元、明两代的持续发展，戏曲艺术已经充分地成熟，而且普及了。然而正如前面所说的，明中叶以后，戏曲创作又逐步地为文人士大夫所掌握，雅化程度同样在不断加强。正因为此，入清后，戏剧便自然而然地加入了古雅文化的行列，成为复古大军中的一员。与诗文相比较，戏曲在清代具有它的特殊性，这就是一种反观生活的能力和意识。诗歌、散文的长处在抒发感慨，即表达作者的主观感受，感性因素占据了绝对优势，戏曲（实际上小说也是如此）自然也拥有这样的内涵。但是入清以后，也许因为要兼顾到观众方面的感受，也许是叙事性的体制所致，也许更重要的，受文化反思的时代召唤，戏曲创作界逐渐地生长出一种带理性因素的反思意识来。

人们发现，在舞台和生活之间，存在着一种同构关系，舞台表演的是生活本身，而生活其实也就是一场戏，这种看法对戏剧创作产生了重要影响。比如程大衡在《缀白裘合集序》中说："尤西堂（侗）以世界为小梨园，廿一史为一部传奇，则大地岂非一场戏乎？""人生富贵贫贱不同，夭寿穷通各异，然电光石火，终归一梦，犹敷演悲欢离合，顷刻戏完之散场也。"李调元在《剧话序》中也说："剧者何？戏也。古今一戏场也。""夫人生，无日不在戏中。"这种观念强调的是戏剧的客观真实性，贫富穷通、悲欢离合都是一种客观真实，舞台将它们表现出来，便可让人们对自己的生存状况形成反思。其间作者并不对号入座，他是一个旁观者，取的是观照的态度，而且希望观众在感动之余，最终也归向这一态度。此种戏剧观比单纯的抒情写志说显然要深刻，戏剧的审美功能因此而获得了一大拓展。

然而实际创作并没有那么简单，作者不可能完全取客观的态度，传统的劝惩意识和浓厚的抒情倾向在清代戏曲中还是相当程度地存在着，这也是事实。不过即便如此，反观现实、批判历史的因素还是产生了，而且逐渐在生长。它们由借助传统观念评判生活存在，发展到通过生活本身来反观传统，再到对生活和观念都取一种理性的反思和批判态度，实际上这是清代戏曲发展的一条轨迹。正是这一历程使得清代的戏曲在中前期创造了新的繁荣，形成中国戏曲史上最后一个高峰。

雅部与花部

清代的戏曲大致上可以分为前后两段，前段承明末而来，势头正盛，在雅化和通俗化并进的趋势下继续前进，逐步形成了两极分化的格局。这首先在唱腔上体现出来。当时有所谓雅部与花部之分，雅部指的是昆腔，它为文人士大夫所欣赏和喜爱，花部则为各种地方声腔，流行于市井及广大的乡村。李斗在《扬州画舫录》中说："雅部即昆山腔，花部为京腔、秦腔、弋阳腔、梆子腔、罗罗腔、二簧调，统谓之乱弹。"又说："郡城花部，皆系土人，谓之本地乱弹，此土班也。……而音节服饰极俚，谓之草台戏。""若郡城演唱，皆重昆腔，谓之堂戏。"前面讲过，昆曲风格清雅、蕴藉，尽婉折柔润之美，故特别符合文人士大夫的口味。据记载，当时"士绅宴会，非音不欢"，"京师公私会集，恒有戏，谓之堂会"（徐珂《清稗类钞·戏剧类》）。文人们观看的当然都是昆剧，他们不但热衷看戏，而且自己也会唱，"近士大夫皆能唱昆曲，即三弦、笙、笛、鼓、板，亦娴熟异常"（钱泳《履园丛话》卷十二）。唱戏实已成为一种风雅韵事，非昔日可比。而同时，普通民众观戏的热情也并不次于文人雅士，而且还在提高。

　　为了满足这一需要，各都市纷纷建起了戏

园，如京师有太平园、四宜园、查家楼；广州
有庆春园、广庆园；上海有丹桂园、三雅园，
等等。其中数苏州最多，共有三十余家，甚至
还扩展到了乡里，"乃至一县一镇一村落，亦皆
有之"（徐珂《清稗类钞·戏剧类》）。如果说，
过去的戏台还是临时搭起的，不具固定性的话，
那么，戏园的出现则标志着戏剧真正进入了人
们的日常生活。戏园是面向普通老百姓的，观
众喜欢什么，戏园便会上演什么，哪个戏班走
红，就请哪个班子来唱。在这种气氛中，众多
剧种争相献艺，形成了竞争。最终还是声音高
亢、风格爽朗的地方剧种占了上风。有人曾指
出："大抵常人之情，喜动而恶静。昆剧以笛为
主，而皮黄则大锣大鼓，五音杂奏。昆剧多雍
容揖让之气，而皮黄则多《四杰村》《趴蜡庙》
等跌打作也。"（徐珂《清稗类钞·戏剧类》）以
皮黄、高腔、秦腔等为代表的花部比昆曲更能
迎合一般市民的欣赏口味，所以逐渐后来居上，
于互相融合中形成了今天的京剧，而昆曲作为
一个独立的剧种自嘉庆以还转盛而衰，反渐渐
"暗淡无闻"了。

入清后，戏剧演员的角色也有了进一步的发展，据《扬州画舫录》记载："梨园以副末开场，为领班，副末以下老生、正生、老外、大面、二面、三面七人，谓之男脚色；老旦、正旦、小旦、贴旦四人，谓之女脚色，打诨一人，谓之杂。此江湖十二脚色。"从这十二脚色可以看出，分工比以前更趋细致，生已有老生、正生之别（正生也即小生）；旦除老旦、贴旦外，又有正旦和小旦之别。脚色不同，表演、唱腔就会生出差别，这对于塑造不同类型的戏剧人物显然是更为有利的。特别是净角，已有大面、二面、三面之分。这可说是一大创造，见**脸谱图**（015、016）。

大面相当于净，因脸上粉墨涂满，故称大面。大面又有正面人物与反面人物之分，正面人物一般为红面或黑面，如附图中的关羽脸谱为红，包拯的脸谱为黑，另外还有其他颜色。反面人物则为大白脸，如《鸣凤记》中的严嵩，三国戏中的曹操等，这是奸臣的象征。《扬州画舫录》中说："白面之难，声音气局，必极其胜，沉雄之气寓于嬉笑怒骂者，均于粉光中透出。"可见

关羽　　　　　　　包拯　　　　　　　黄巢

马武　　　　　　　孟良　　　　　　　廉颇

015　弋阳腔脸谱（梅氏缀玉轩藏清初脸谱，摹本）

尉迟敬德　　　　　铁勒奴　　　　　　牛皋

016　昆腔脸谱（梅氏缀玉轩藏清初脸谱，摹本）

反面角色亦不简单，需要很深的艺术功力。侯方域在《马伶传》中记述过一个姓马的演员，为了演好白面严嵩这一角色，入某相国门充当仆人三年，细心揣摩其言行举止，然后成就一代绝活。黑、红面则须兼笑、跳、叫三技，此三招对表现性格粗犷、行为刚烈的舞台形象十分重要，特别是长声的啸鸣，尤需要极高的造诣。《扬州画舫录》卷五描写说："其啸必先敛之，然后发之，敛之气沉，发乃气足，始作惊人之音，绕于屋梁，经久不散，散而为一溪秋水，层波如梯。如是又久之，长韵嘹亮不可遏，而为一声长啸。至其终也，仍嘤嘤然作洞穴声。"

随着演出的进一步发展，大面又逐渐分出文武。武角以做功为主，文角以唱为主。相应地，脸谱上也就有了差别，武角以一色为主而饰有多种花纹，这就是俗语所称的大花脸，附图中马武、孟良、牛皋等脸谱即是，而文角则是清一色，顶多勾出眉目而已。脸谱的多样化标示着戏剧表演艺术的演进。

二面就是过去的副净，一般饰演受人讥嘲的反面人物，有时也扮富有喜剧性的正面人物。

《扬州画舫录》中说："二面之难，气局亚于大面，温暾近于小面，忠义处如正生，卑小处如副末，至乎其极。又服妇人之衣，作花面丫头，与女角色争胜。"二面戏路最宽，能兼男女为之，亦庄亦谐，虽为副角，却非专职不办。小面也即丑角，脸部中央抹有形状不一的白粉，专司插科打诨，还要会作许多杂技表演，水浒戏中的武大郎即由小面担当。优秀的小面"一出鬼门，令人大笑"，是戏剧中不可缺少的角色。花部演出，尤重小面，"凡花部脚色，以旦、丑、跳虫为重，武小生、大花面次之"。"本地乱弹，以旦为正色，丑为间色，正色必联间色为侣，谓之搭夥。跳虫又丑中最贵者也，以头委地，翘首跳道及鎚铜之属。"（李斗《扬州画舫录》卷五）

演出的服装道具亦比过去丰富而完备了，据记载，清代的戏具即"行头"已分为衣、盔、杂、把四箱，衣有文扮、武扮之别，款式最多，盔有冠、翅、巾、盔、簪、髻之别，杂箱包括髯口、飞鬓、面具、靴袜、旗帜以及各种杂物，把箱则是专放仪仗和兵器的。总括起来，"行头"足有数百种，亦可谓集前代之大成了。

苏州派

以上是演出的情况。就创作方面说，清前期也是一个高峰期，涌现出了大批优秀的作品。其中，绝大多数还是昆曲剧本，也就是讲，雅部在创作界依然领导着潮流，花部多是改编旧作，还谈不上自己独立的创作面貌，所以文人士大夫的审美观于创作领域依然据主导地位。这当中，最有价值的即是表现对历史和人生的反思，它们构成了清代戏剧的核心和灵魂。

清戏曲创作大致上可以分为三个方面：第一方面以抒情为主，其代表作有吴伟业的《临春阁》《通天台》《秣陵春》，尤侗的《吊琵琶》《读离骚》《钧天乐》，嵇永仁的《续离骚》以及杨潮观的《吟风阁杂剧》等。这些剧作往往借历史上的人物、故事为题材，抒发作者自己的时代感受，所谓"夺他人之酒杯，浇自己之块垒"，属"纯然自述之作"（傅惜华《清代杂剧全目》）。由于作者同时又是诗人，他们的创作自然而然地带有浓厚的抒情气氛，情节的铺衍反而降为了次要因素。尤其是杂剧作品，体制越来越短，以至缩为一折，逐渐地走向了案头化。这类作品实际上应属于特殊形式的抒情诗。还有一个方面沿明末而来，即继承了汤显祖的传统，以才子佳人巧结姻缘、终成眷属为模式铺衍故事，代表作有李渔的《风筝误》《比目鱼》《凰求凤》等10种，万树的《拥双艳三种》等。此类作品入清以后逐渐淡化明末的反叛色彩，格调轻松，演化为风情喜剧。正如李渔在剧中宣称的："惟我填词不卖愁，一夫不笑是吾忧。举世尽成弥勒佛，度人秃笔始堪投。"（《风筝误》）在迎合普通观众欣赏口味的同时，它们把文人情趣和市民好尚结合起来，启示了戏剧向娱乐性发展的趋势。真正代表清代戏曲主流的是第三类作品，其策源地在苏州，此类作品"以曲为史"，表现了作者对人生的反思和批判。

苏州是昆曲的发源地，也是戏曲创作的中心。从明末开始，这里就聚集了一批优秀的作家，人称苏州派，创作出大量贴近生活、内容精湛的剧作品。有人填词道："苏州好，戏曲协宫商。院本爱看新乐谱，舞衣不数旧霓裳，昆调出吴阊。"（沈朝初《忆江南》）苏派作家一个突出的特点，就是严肃的现实主义态度和深刻的反省意识，他们与李渔的风格完全不同，也与吴伟业等人有别，可以说开创了一种新的潮流。"苏州派"的杰出人物是李玉，李玉一生创作的传奇达四十余种之多，最为人所喜爱。他的作品可分为三类：一类是政治剧，一类是世情剧，还有一类是爱情剧。政治剧的传统实际上源自明中叶的《浣纱记》和《鸣凤记》，其中或取材历史，或取材现实，代表作有《清忠谱》《千忠戮》《万里圆》《牛头山》等。尽管这部分作品还保留着一些传统的观念，如忠臣节义、兴亡感喟等等，不过其中有些内容由于直面现实，已经对传统观念实现了突破。《清忠谱》是一个典型，该剧描写明末东林党人与宦官魏忠贤的斗争。在塑造了周顺昌这个"忠君为国"的士大夫的同时，还特别刻画了以颜佩韦、杨念如、周文元等五人为代表的普通市民的群起反抗。

作者的人物描写特别有意思，这里截录《清忠谱》中的《拉众》《打尉》二出片段为例：

（净颜佩韦）[北斗鹌鹑]俺生平心性痴呆，一味价肝肠，可也慷慨。不贪着过斗钱财，也不恋如花女色，单则是见弱个兴怀，猛可的逢凶作怪。遇着这狠狠豺驽驹，凭着俺犁电轰雷，俺只索翻江可也搅海！

（末杨念如内白）走吓。（颜佩韦）咦！吪（你）看前头一个人飞介奔得来哉，弗知为撬（啥）事务，等我挨上去看。（杨急上）啊哟，啊哟！〔南缕缕金〕我心急遽，脚忙抬，一事天来大，实奇哉。（颜奔上掰杨介）啐！原来是杨兄弟。（杨）原来是颜大哥。（颜）对吪说，吪逗逗能介落里（哪里）去吓！（杨）颜大哥。不好了嗐！（颜）撬事务介？（杨）哪，哪！街市喧传遍，人人惊坏！（颜）弗知撬个蟹麻能，为撬个了？（杨）你不晓得么？（颜）弗晓得吓。（杨）北京校尉到苏台。（颜）住子，住子！我正要问吪个校尉是来捉哯个吓？（杨）你道拿哪个？（颜）哯个吤？（杨）周宦忙提解，周宦忙提解。（颜）哯个吪周宦？（杨）就是林家巷内吏部周老爷。（颜）哯个吓？（杨又说介）（颜）阿呀！且住，我想个周老爷清廉正直，万民感仰，那说校尉捉俚起来？喂！杨兄弟。（杨）颜大哥。（颜）反哉！（杨）反了！（杨）真当反哉！当真反了！（颜）反哉！反哉！

......

（丑周文元上）列位吓！你乱才（全）跟我来，才跟我来。阿嘎，阿嘎！〔南缕缕金〕浑身汗，走穿鞋，各处人声沸，闹垓垓，要救周乡宦。捧香奔快，一人一炷喊声哀。天心也回改，天心也回改。（颜、杨）好哉，周兄弟来哉。（周）列位，来来来，才执子香求告官府去。（众各执香介）（颜）盖张骚卵（校尉）求俚做撑！俚若是肯放周老爷便罢。（周）若是弗肯放没那？（颜）若是弗肯放没，列位吓，我俚苏州人一窝蜂，等我俚弟兄领子头，轰轰烈烈做介场惊天动地个事务出来！（周）列位，若是啰个缩头缩脑，就是乌龟王八，家婆毡千人乱乱爿个臭乌龟乱！（杨）妙吓！大家协力同心便了。（小生王节、老旦刘羽仪）住了，列位不可造次。我们急急进城，拉了三学朋友，写一辨呈，同了列位去求毛抚台，恳他出疏保留，这便才是。（颜）咳！你乱差哉。老毛是魏太监个干儿子，此番来捉周乡宦，侪是俚个线索。（众）因为了侪是俚个线索。（颜）俚没阿肯出疏保留个？（王、刘）如今怎么样呢？（颜）弗是介个，呒乱才跟我来，前头去，我有道理拉乱。（众）吓，我们且到前面去。走吓，走。阿哟！〔北秃厮儿〕心，心儿里满堆着腒胎，百忙里难保和谐。俺这里冲冲怒气怎摆画？一步步奔长街非騃。走吓、走吓。（下）

　　……

……（内）圣旨已到，跪听宣读。诏曰。（众）列位，为何开读起来？（颜、周）测测能，我俚听吓。（内）犯官上刑具，（众）不好了！大家打进去！（打介）（付张校尉上）哦！你们这些狗头！皇帝也不怕，敢来抢钦犯么！〔前腔〕妖民结党起波渣，倡乱苏城独霸。抢咱钦犯思逆驾，擒将去千刀万剐！（众）假传圣旨，思量唬咱众好汉，怎饶他！（颜）住子，我俚吊清打。吥！吔阿认得我苏州城里城外第一条好汉叫做颜佩韦？（杨）可晓得我是杨家将杨念如？（周）阿认得我十三太保小青龙周老男儿周文元？（旦）我叫马杰。（贴）我叫沈扬。（张校尉）你每都是一班强盗，砍你们这班狗头！（众）打吓！打吓！（齐下）

以上录自《缀白裘》,《缀白裘》是清人的戏曲选集，收录的都是当时的演出本，完全使用苏州方言，非常活泼生动传神。我们看这几位市民形象，均非高大全式的理想型人物，更非儒雅恭让的谦谦君子，他们是些文化不高的普通人，颜佩韦由二面扮演，杨念如由付末扮演，而周文元甚至由丑角扮演。但正是他们，做了一番惊天动地的大事情，把京城来的校尉打死，连皇帝也不惧怕，他们的行为实际上比周顺昌要"出格"得多，属于政治暴动性质。对于这样一个严重的政治事件，对于这样一批敢作敢为的底层细民，作者是取肯定态度的。他的审美观突破了旧传统，不但突破了忠君为国的传统，而且突破了高大全式的英雄主义传统，这两个突破并非作者预先确立的，是生活启发了他，教育了他，这应是现实主义的胜利。从观念上说，聚众造反决非作者的本意，周顺昌这个忠臣的塑造就说明了这一点。反思使李玉得出了新的结论。

反思的价值在于，人们能够通过审视历史获得某种理性认识，而这种认识有时会突破反思者固有的价值立场，给人以深刻的启示。

世情剧中的人兽观

李玉世情类的作品以《一捧雪》和《人兽关》为代表。《人兽关》取材于《警世通言》中的《桂员外穷途忏悔》，前面曾介绍过。李玉确有一些作品，包括爱情题材在内，直接取材于明代的通俗小说，不但故事情节相同，主题也有某种程度的继承，可以明显地看到二者之间的关联。然而作者在创作过程中，对原有的题材又进行了深入的挖掘，他不单单站在道德批判的立场，而且站在人性的立场上来反观种种世态人生。你看此剧的题目，已显示了作者的用心，人性的异化和失落意味着兽心的萌发，人与兽的区别有时竟会是一念之差。作者实际上在暗示，社会上有多少人挣扎在人兽关上呢！剧中那个负心财主桂薪，因恩将仇报，泯灭天良，被阴司勾去，责其全家化犬，阎罗王训斥说："人见那顶着冠，束着节，这便是人，不晓得他一心造恶，顷刻是牛羊犬马！""往往人面兽心，自造畜业。"这种对浇薄世情的批判应该说是具有相当深度的。

《一捧雪》可视为又一版本的"人兽关"，作者借权臣严世蕃迫害太仆卿莫怀古，强夺其家传玉杯"一捧雪"的故事，塑造了裱褙匠汤勤、莫家仆莫诚及侍妾雪艳的形象。汤勤受到莫怀古提携，入严府后为博取更多利益，将莫家的传世宝告知严家，怂恿严向莫索取，莫怀古仿造了一只假的，又被汤告发，导致了莫家的杀身大祸。莫诚作为莫家的仆人，毅然替主人受戮，成为又一种人格的典型。侍妾雪艳于危急关头，假意答应委身于汤，事后刺死汤勤，为主人报了仇。莫诚与雪艳是作者塑造的两个正面形象，一个"金石寸心坚，忠义实堪传"，一个"蛾眉真足愧须眉，千载英风得并追"。作者认为，这是两位值得标榜的做人的楷模。而汤裱褙则是人群中的败类，是一个真禽兽。这个剧诚如人们批评的那样，带有旌表义仆、烈女，宣扬封建道德的倾向，并没有从传统观念中完全摆脱出来。

但也要看到，作者对人性的反思还是有积极意义的，他褒扬什么也许并不重要，真正值得重视的是作品对人性丑恶一面的剖示和抨击，"碌碌世间徒，若个了生死"，怎样的人生才是有价值的，才是美的，作者实际上向观众提出了这个问题，这才是李玉作品受到欢迎的真正原因。

2 『以曲为史』
两部名剧与两种价值评判

　　如果说苏州派作家的观念还带有因袭传统的成分，表现了过渡性特点的话；那么，洪昇《长生殿》、孔尚任《桃花扇》的相继问世，则标志着清代戏曲的文化反思达到了新的高度。

爱情与人生：
《长生殿》的反思

洪昇的《长生殿》敷演的是唐玄宗李隆基与杨玉环的爱情故事，这是一个为人们熟知的旧题材。自唐以后，它被作家以不同的审美视角改编成各种形式的文艺作品，在民间广泛流传，其中白居易的长诗《长恨歌》和白朴的杂剧《梧桐雨》最为世人称赏。对这样一个流传已久、涉及国家兴亡的帝王和妃子间的爱情故事，洪昇究竟想表达什么呢？对此洪昇本人的确经过了一番探索和推敲。据《长生殿例言》说，洪昇最初作此剧出于"感李白之遇"，就是说他要借此抒发文人怀才不遇的感慨，但很快被自己否定了。这个主题显然太狭隘。接着，洪昇又在第二稿中加入了"李泌辅肃宗中兴"，更名《舞霓裳》，似乎专以批判李杨私情、惩戒来世为主，但不久也被推翻了，这其实是一个近乎正统的、带有官方色彩的主题，仍不能表达作者真实的思想。最后，他把重点移到了"情"字上，"念情之所钟，在帝王家罕有"，"专写钗合情缘，以《长生殿》题名"。可以说，此剧的成功，正在于作者对"情"字的选择。剧的开首，副末唱道："今古情场，问谁个真心到底？但果有精诚不散，终成连理。万里何愁南共北，两心哪论生和死。笑人间儿女怅缘悭，无情耳。"这段唱辞使我们想到了汤显祖的《牡丹亭》，两剧对真情的称赞，何其相似乃尔！毫无疑问，洪昇继承了汤显祖的人文主义思想，尤其是那种反叛传统、张扬人性的文化精神。身处清代古典主义盛行的氛围中，此"情"尤属不易。

然而该剧的深刻性还不仅在此，如果说《牡丹亭》的主旨在呼唤，在抗争，那么《长生殿》的立意则是在反思，在自省。反思不为别的，正在"情"本身。在经历了"安史之乱"、国运衰颓、生灵涂炭之后，爱情这东西还有意义和价值吗？作者提出了这样一个问题，它正是此剧的关键所在。

我们还是来看作品。《长》剧以李、杨定情发端，入戏之后，很快形成了两条线索，一条是李隆基、杨玉环的感情由浅入深、逐步升华的过程。这当中写尽了两人的柔情蜜意，而华丽富贵的氛围渲染更增加了情欲追逐过程中的那种恣意和放纵、快乐和狂喜。作者没有忘记编进虢国夫人和梅妃争宠的情节，李、杨两人的关系因波折而变得更富吸引力。每一次摩擦之后，李杨感情都向前增进了一步，直到李隆基从浅薄的留连声色中摆脱出来，与杨玉环在七月七日长生殿约定私盟，"愿世世生生，共为夫妇，永不相离。有渝此盟，双星鉴之。在天愿为比翼鸟，在地愿为连理枝。天长地久有时尽，此誓绵绵无绝期"。至此，两人的关系由一般的性欲的吸引以及繁华富贵的追逐升华到了人性美的境界。

另一条线索是情欲所造成的负面效应，玉环之兄杨国忠独专权柄，安禄山伺机谋反，朝纲大乱，这是国政上的代价；杨氏姐妹骄奢淫逸，饕餮民膏，地方飞马进贡荔枝，踏坏农田，践毙人命，这是百姓付出的代价。"安史之乱"的爆发，使这一切效应达到了顶点，成为一场空前的劫难。于此基础上便生发出了李龟年的兴亡感叹："唱不尽兴亡梦幻，弹不尽悲伤感叹，大古里凄凉满眼对江山。"这是一个副主题，连带名将郭子仪的忠义、乐工雷海青的节烈一起，令清代的观众生发出许多联想。

作者并没有就此打住，随着情节的推演他又将主题深化下去。第一条线索在杨玉环马嵬坡自缢后，竟以鬼魂的形式继续顽强地发展，一方面它对第二条线索做出回应，借助杨魂对自身的罪孽进行深刻忏悔："皇天，皇天！念杨玉环呵，重重罪孽，折罚来遭祸横。今夜呵，忏愆尤，陈罪眚，望天天高鉴，宥我垂证明。"另一方面却又咬住那"情"字死不放松："只有一点那痴情，爱河沉未醒。说到此悔不来，惟天表证。纵冷骨不重生，拼向九泉待等。"李隆基作为太上皇，也是一往情深，魂梦相随："我想妃子既殁，朕此一身虽生犹死，倘得死后重逢，可不强如独活。孤独愧形骸，余生死亦该。惟愿速离尘埃，早赴泉台，和伊地中将连理栽。"最后，二人终于在天上团圆了，"死生仙鬼都经遍，直作天宫并蒂莲，才证却长生殿里盟言"。全剧以"情"始，以"情"终，首尾一贯。两条线索，最后是第一条兼并并消融了第二条，理想战胜了现实。

很显然，此剧中的李杨爱情是具有象征性的。经过明末的狂飙运动，历史的重大转折，人们应该如何做出抉择，是否回到以理为美的旧轨道去？过去坚持的是否应该完全抛弃呢？作者追问的正是这一点。剧中是做出了回答的，那就是坚持真情，铲除侈欲。从这个意义上说，人们称《长生殿》是一部"闹热"的《牡丹亭》并没有错，它们的基本方向是一致的，即都将爱欲当做人生的终极目标。而洪昇既批判且坚持的态度，又反映出清代审美文化特有的理性反思的色彩。

兴亡与离合：
《桃花扇》的悲愤

另一部作于同时的作品《桃花扇》跟《长生殿》的着眼点完全不同，作者孔尚任固然也描写了剧中人物的情感历程，然而《长生殿》的反省立足于情，《桃花扇》的抒情写爱则完全为了总结兴亡。

孔氏在《桃花扇小引》里讲的明白："《桃花扇》一剧，皆南朝新事，父老犹有存者。场上歌舞，局外指点，知三百年之基业，隳于何人？败于何事？消于何年？歇于何地？不独令观者感慨涕零，亦可惩创人心，为末世之一救矣。"作者立意很高，他不仅要总结南明王朝覆灭的缘由，还要以此为镜，映照三百年明帝国倾亡的原因。在剧中孔尚任其实是以末世总结者的身份自居的。在他的笔下，悲欢离合作为私人感情仅是总结兴亡的手段，它自身在历史中并不具有举足轻重的地位，作者甚至借剧中人的口说："那些莺颠燕狂，关甚兴亡！"换句话说，作者认为，封建王朝的兴亡，或者天下的兴亡才是人世间最根本、最重要的事情，一切都应该以此为取舍的标准。此又是一种价值判断。

因为持有这样一种历史观，《桃花扇》的写作方式便与《长生殿》有了明显的差异，它没有上天入地，而是严格地遵照历史原貌："实事实人，有凭有据"，"确考时地，全无假借"，全力还历史以本来面目。孔氏把"以曲为史""人生如戏"的审美态度发挥到了极致，以至有人认为，《桃花扇》才是中国"第一个真真正正的历史剧"（董每戡《五大名剧论》）。

孔尚任的创作理念给他的创作带来了有益的影响，在他的剧里，所有的政治人物都处在了被批判的位置，无一例外。过去那种偏袒一方的评判态度，在相当程度上被扬弃了。可以说，南明王朝上下各派的政治力量，多多少少对三百年基业的隳亡都负有责任，你看：弘光皇帝朱由崧，登基之初，便忙着采选宫女，追求声色，置国家存亡于不顾，一心要当"无愁天子"；阉党余孽马士英、阮大铖把持朝中大权，一面卖官鬻爵、搜刮民脂，另一面到处捉拿复社文人，公报私仇，把朝廷当做了他们谋取个人利益、排斥异己的私家庭院；江北四镇本是南明阻挡清兵南下的唯一屏障，高杰、黄得功、刘泽清、刘良佐四将却互相争斗，内讧不止，致使淮左失据，自毁长城；左良玉原有报国之心，但生死关头竟挥师东下，逼迫朝廷，导致北防兵力的分散；史可法乃是剧中唯一的抗清将领，尽管杀身报国，成就了个人的忠烈之名，但作为北防大帅，他对四镇内讧束手无策，既无权威，也乏韬略，只落得三千残兵孤守扬州的可悲局面；至于那一贯被人们称颂的东林后劲，复社文人，亦毫无例外地遭到了作者的辛辣讽刺，陈贞慧、吴应箕在"中原无人，大事已不可问"的情况下，袖手旁观，竟称"我辈且看春光"；复社中坚侯方域雅兴不减，还在寻访佳丽，"准备着身赴高唐"，他甚至接受了阮大铖送来的礼金，为那一点贿赂牺牲原则，答应为阮大铖疏解和开脱……这桩桩件件摆在面前，南明王朝怎能不亡呢？此剧对末世社会方方面面的如实描写比作者自己的悲痛要更加深刻，这属于现实主义的一大胜利。

作者的创作目的本是反观兴亡，但事实上他还是描写了悲欢离合。也就是说，将男女爱情作为手段的同时，他无法回避爱情本身的意义。难道爱情就真的一点价值都没有？难道最可爱的女主人公李香君真的只是作者笔下的一个工具、一个符号吗？他必须回答这个问题。对此，孔尚任还是给出了答案的，《桃花扇小识》里，他自释说："其不奇而奇者，扇面之桃花也；桃花者，美人之血痕也；血痕者，守贞待字，碎首淋漓，不肯辱于权奸者也。……帝基不存，权奸安在？惟美人之血痕，扇面之桃花，啧啧在口，历历在目，此则事之不奇而奇，不必传而可传者也。"作者认为，香君的可爱不在她的美丽，也不在其身世的可悲可悯，而在于她和侯方域的志同道合，在于她为了这份志同道合的感情跟权奸誓死抗争，不惜碎首淋漓，见**李香君却奁图**（017）。换句话说，爱情必须附着在某种崇高的事业上，才会有其地位和价值，否则，即是"莺颠燕狂"。此剧结尾，当侯、李二人历尽艰辛、重新聚首时，作者让张瑶星出来大声呵斥："当此地覆天翻，还恋情根欲种，岂不可笑！""两个痴虫，你看国在哪里，家在哪里，君在哪里，父在哪里，偏是这点花月情根，割他不断么？"国家已亡，事业不在，爱情失去了以前的附着，它还有何种价值？所以团圆已全无意义。

我们要看到，《长生殿》尽管歌颂了至上的爱欲，却没有指示出爱欲跟社会生活的关系，这是一个明显的缺憾；而《桃花扇》本意并不在歌颂爱情，它反而指出了爱情应该具有的社会意义，尽管这当中带有相当的狭隘性。在爱情与政治的结合方面，《桃花扇》实际上是继承

017 孔尚任《桃花扇》：李香君却奁（清暖红室刊本）

了《浣纱记》的传统，而且向前跨进了一步。李香君如此的光彩照人，令群芳失色，难道不正在其情志并坚、气压须眉吗？在此，作者还显示了自己的妇女观，即理想的女性应该关心时局，有主见，而且与男人平起平坐。这些，都是孔尚任从一个青楼女子身上看到的，作者的平民意识也于此凸现出来，这当然也是现实主义的胜利。

3 出入幻域

批判与憧憬并存的文言小说

跟戏曲一样，小说在清代也进入了它最后的辉煌。可以说，在所有艺术门类当中，小说的容量是最大的，戏曲毕竟受到舞台的限制，很多内容不便展开，小说则可在想象的天地里尽情驰骋，不受时空之阻，这种优势在入清以后得到了进一步的开拓。如果讲，明中叶以后的小说基本上属于市民文化范畴的话，那么，进入清代，随着复古大潮的兴起，随着文人作家的积极介入，雅俗两种质地的文化在这里实现了充分的交融。清代小说在开拓过程中还吸收了不同类型的多种艺术因素，其文化内蕴大大增加，审美品位大大提高，实际上它已成为清代艺术最高成就的代表。

由俗向雅的转化

清初的小说创作是在承继明代的基础上向前发展的。我们知道，明代后期创作历史演义类小说成风，它们是宋代讲史话本的演进，目的仅在于普及历史知识和增加阅读快感，谈不上很深的寓意和寄托。入清以后，在此基础上演化出了新历史小说，专以总结反思明末史实为主，代表作如《梼杌闲评》《樵史通俗演义》等，重点描写宦官魏忠贤专权、东林党抗争、李自成起义，旨在对明亡的历史进行反思，针对性和批判性都很强，人们又称之为时事小说。它们体现了作者

的文化意识和历史观，与"苏州派"的戏曲创作
正遥相呼应。而《水浒后传》《说岳全传》这类
小说，作为英雄传奇，借前代的人物故事，也表
达了作者强烈的时代感受，跟前一类作品实属同
一范畴。上述作品虽然提高了历史小说创作的自
觉性，但文化观念却仍然是陈旧的、传统的，没
有实现价值的转换。

　　另一大支是爱情类小说，它们的变化比较
大，明代那种赤裸裸的、带有强烈欲念的市井之
爱隐没了，代之以才子佳人式的风雅之爱。与其
说它们是对话本小说的继承，不如说是对明代才
子佳人类戏曲的效仿，其代表作品有《玉娇梨》
《平山冷燕》《好逑传》等等，这些作品在主张婚
姻自主、男女自由恋爱方面与明代的文化精神相
一致，然而审美观却明显地超越了本能的性欲，
向儒雅的方向转化。比如对女性之美，书中已不
再单纯追求相貌之妩媚娇好，而是进一步要求精
神方面的品质，要才貌双全。《平山冷燕》中说：
"女子眉目秀媚，固云美矣。若无才情发其精神，
便不过是花耳、柳耳、莺耳、燕耳、珠耳、玉
耳。""必也美而又有文人之才，则虽犹花柳，而

花则名花，柳则异柳。"小说中的女主人公正是这样的，她们不但容貌美丽，且具有诗书之气、风雅之姿，在智慧和才情方面甚至超过了追求她们的风流才子。由于小说将女性放在了和男性平等的位置上，所以显示出一种新的进步的婚恋观、审美观。

但与此同时，作品中说教的成分也不少，而且结尾必然是金榜题名，奉旨完婚，皆大欢喜，成为一种格套。情节方面往往设几个小人拨乱其间，并未接触广泛的生活现实，实际上它们只是文人自我意念的一种表达，借以抵挡凄清、冷漠的现实而已，这又反映出清代审美文化的复杂性。才子佳人型小说的确有明显借鉴传奇剧创作的地方，篇幅方面由原来的短篇发展为中长篇，语言增加了文言成分，且多插入诗词韵语，人物塑造也多取类型化模式，情节结构上喜欢追求奇遇、巧合，喜好创造戏剧化效果。这些都说明，小说借助戏曲形式向古典主义大潮正迅速靠拢，这种通俗型艺术实际上入清以后已经起了质的变化。

在白话小说发生转变的同时，文言小说创作

出现了新的繁荣，这与整个复古的文化氛围是相一致的。众所周知，文言小说的高潮在唐代，当时称传奇，而六朝志怪小说又是它的源头。宋以后，随着白话小说的兴起，它已走向衰落。直至清代古典主义文化运动的兴起才又激活了它，于是以文言为小说重新成为一种时尚。这当中蒲松龄的《聊斋志异》集历代创作之大成，攀登上了文言小说的顶峰。

用传奇法志怪：

《聊斋志异》

文学传统是一种客观的存在，但如何继承它却取决于作者的主观选择。蒲松龄没有选择当时流行的现实主义创作路子，而是借助志怪传统，创造了一个虚幻的花妖狐魅的艺术世界。本来志怪在六朝人那里，只是为了"发明神道之不诬"，而蒲松龄却运用它来观照和表现人间的世界，文化意蕴完全不同了。这即是鲁迅指出的"用传奇法，而以志怪"，"出于幻域，顿入人间"(《中国小说史略》第二十二篇)。从艺术表现手法上说,作者的确实现了两种传统的整合,称得上是文言小说的集大成者。而自审美的高度说,蒲松龄实际上还创造了一种新的把握现实、反思生活的方式和途径,也就是说虚幻成为蒲松龄切入现实、审视人性的手段和武器。

我们可以发现,《聊斋》中有不少作品是带寓言性质的,比如《梦狼》一篇,写白老汉做了一个奇怪的梦,梦中自己随人走入一处衙门,见到门口有巨狼当道;壮胆再入一门,则堂上、堂下、坐者、卧者,皆为狼,台阶上白花花的堆满了人骨,还有巨狼不断衔着死人进入。白老汉的儿子白甲恰是这座衙门的主官,唯有他是人形。不久,两个金甲猛士突然闯入,以绳索捆绑老汉之子白甲,白甲顿时扑地化为虎,被猛士敲去了口中的利牙。老汉梦醒后无比惊惧,令小儿子速去招白甲归来。兄弟相见,弟弟发现白甲果然门齿皆落,一面还在拼命收取贿赂,到他那里托关节、走后门者依然络绎不绝。白甲不思悔改,后终被怨愤的民众所杀。这则亦真亦幻的故事让人惊叹之余，顿生认同之感，那些生活中搜刮民脂民膏、人模人样的官吏们不都是吃人的虎狼么？蒲松龄在写完此则故事后，余意不尽，又借"异史氏"之口评论说："窃叹天下之官虎而吏狼者，比比也。即官不为虎，而吏且将为狼，况有猛于虎者耶！"这则故事的确是发人深省的，就对封建官府衙门的本质定位来说，没有比蒲氏的虚幻之法更直接、更深刻的了，此即是"出于幻域，顿入人间"。

蒲松龄本人为一介文士，在科举场上滚爬了一辈子，吃尽苦头，对其弊害，有切肤之痛，《聊斋志异》中也有多篇涉及这方面的内容。《考弊司》一作描述阴间的这么一个考试机构，廨宇俨然，酷似人间，高堂两侧立有"孝悌忠信""礼义廉耻"的碣石，司主名虚肚鬼王，鬈发鲐背，鼻孔撩天，牙齿外露。凡考生晋见，必须割下自己大腿上的活肉以贿司主，割得多者可通过考试，不愿割者由小鬼操刀强剜。司庙中终日只见气象森凛，惨状环生。《司文郎》一作还记述了一个古怪的瞎老头子，鉴别文章的能力特强，不用眼观，也不用耳听，却用鼻子嗅，百无一错。然而，由他鉴定的好文章却在科举考试中落了榜，而坏文章却反而高中了。当人们去诘问他时，老头叹气说："我虽眼盲，鼻子却不盲，那些考官简直连鼻子都盲了！"这些看似荒唐的故事里倾注着蒲松龄满腔的孤愤，作者是饱蘸血泪写下这些文字的，所以它们具有相当的批判力量。

然而，从作品中我们也可以发现，作者实际上并不否定科举制度本身，他认为事情坏在少数主考官身上，是他们扼杀了人才，搅乱了正常秩序，这使得他的批判又有着很大的局限性。可见，与传统意识的决裂其实比人们想象的要艰难得多。

异类之美

《聊斋志异》的艺术魅力不光在于对现实人生的反思和批判，同时也在于对美好人性的憧憬和向往。书中最令读者感兴趣的，莫过于那些美丽且富有人情味的女性形象。有意思的是，《聊斋》中这些散放着美之异彩的人物偏偏不是人类，而是狐妖、花仙或者鬼魂，她们来自另一个世界，与平常世人有着明显差异，从举止、形态上就可以发现，她们属于异类。而书中生活在人间的那些男男女女们其实都很普通，这些人遵照生活原来的逻辑行事，因循世间的人伦物理，与读者周围的人物没什么两样。这一反一正的对比恰好体现了作者的审美观，那就是现实人生实际上并不美，甚至还缺少人性。一道又一道的束缚，一层又一层的压抑，已经把人间真正美好的东西、人性化的东西给挤压没了。因为在人类的身上看不到美，所以作者才把眼光转向异类，恰如王士禛在评论《聊斋志异》时指出的："料应厌作人间语，爱听秋坟鬼唱时。"(《聊斋志异题辞》) 只有在妖、鬼身上，作者才能真正解除束缚，舒展开他的才笔，创造出动人的、充满人情味和人性美的形象，这是作者的悲哀，也是他成功的秘诀。

人们总也不会忘记《婴宁》中那个笑个不停的狐女形象。众所周知，在封建社会嬉笑怒骂、流露真情是要受到节制的，尤其是女性，随意嬉笑就是有伤风化。即使让你笑，也要把握分寸，所谓"笑不露齿"。但是狐女婴宁却全无这些顾忌，不管什么场合，不管遇见什么人，随处都能听到她发自内心的笑声，有时笑得直不起腰来，有时笑得靠在树上，想止也止不住。笑是她对待生活的一种态度，是她本性的自然流露。婴宁的母亲曾训导她说："若不笑，当为全人。"这是从人间伦理立场上说的，然而，谁都明白，婴宁的笑才是真正人性美的表现，与之相比，那些循规蹈矩的淑女之态反倒有矫情之嫌了。婴宁的名字也很有意思，她的鬼母似解非解地说过："这丫头从小少教养，年纪十六了，还呆痴得像个婴儿。"婴宁，婴宁，看来作者是有意用这个名字来标示她的童心。再看她爱花的那份天真，爬到树上且摘且摇，且笑且堕的那副痴样，人们发现，这是一个没有被礼教污染过的纯真女孩的形象。正因为有这份天真，婴宁才是一个全人；正因为不守规矩，她才受到人们如此的喜爱。婴宁产于狐，又托养于鬼，在野外荒郊中生活了十几年，她却拥有人间寻觅不到的健康的人性。

《聊斋》中像婴宁这样的狐女、妖女很多，读《聊斋》会让你产生这样的感觉："巾帼有色而丈夫无色，狐有色而人无色矣！"（但明伦《红玉》评语，见《聊斋志异会校会注会评本》卷二）尤其让人钦佩的是那些女性的见识，她们的观念居然也领先潮流。《黄英》中那位菊花美人黄英与爱花如命的马子才在卖花问题上发生争执，马子才认为养花是高雅行为，卖花致富便是有辱黄花，而黄英姐弟则认为"自食其力不为贪，贩花为业不为俗"。把崇高的审美活动和自食其力的商业行为结合起来，这便超越了传统文人的价值观，具有一种新文化的色彩。马子才有大男子主义观念，以为靠妻子致富是一种耻辱，"徒依裙带而食，真无一毫丈夫气矣"。黄英呢，既对丈夫温柔体贴，却也不卑不亢，就像她既有能力致富，却从不以此自恃一样。她耐心地等待子才的觉悟，直到他自愿和好如初。其实黄英的生活追求远在于贫富、尊卑之上，她希望的是人人自尽其能，自展其性，而又互相敬重，待以赤心。在黄英的境界里，男女性别是被超越的，菊花精神在她和弟弟二人间不分彼此。当其弟醉倒菊畦、化为黄花时，株高如人，花大于拳，人与菊的界限也被打破了。多少年来，人们酷爱鲜花，不就是渴望像花一样尽情地怒放么？现实与幻想在小说里找到了它们最佳的结合点，而生活简直就化为诗了。这不光是《黄英》一篇的境界，也是《聊斋》全书所孜孜以求的境界。

　　作者清楚，这种境界在实际生活中是不会有的，美只能存在于虚幻之中，所以他的作品于理想的抒写中总是带有一痕感伤，"知我者，其在青林黑塞间乎"（蒲松龄《聊斋自序》）！《聊斋志异》实际上是冷漠现实的一面特殊的镜子，一种反衬。这或许也可称之为一种反思吧。

4

「忧患人心」

中国长篇小说最后的高峰

　　清代小说的高潮出现于乾隆年间，在这个号称盛世的时代里，小说的反思和批判也达到了顶峰。经过前一阶段的多方探索和拓展，白话章回体小说变得更加成熟，以这种长篇形式表现丰富而复杂的生活，传达作者宏观的文化反思，遂成为小说创作的主流。随着时间的推移，人们对时代和自身的认识也在不断深化，终于在此基础之

上，伟大而不朽的作品诞生了，它们就是《儒林
外史》和《红楼梦》。

《儒林外史》：

为一代文人写心曲

同是反观现实，我们从该时期的小
说可以看出其与戏曲的差异，戏曲
的重点在事件，也就是说它依据的
主要是史实，特别是重大史实，人
物在事件中活动。而小说的重点在人，事件乃围
绕着人物生发，这些事件既非重大，也非必有，
解剖人、审视人才是小说的中心。前者系之以
事，后者系之以人，相比之下，小说的反思又进
了一层。

　　不错，吴敬梓的《儒林外史》仍然以史冠
名，而且煞有其事地从明成化末年写起，演至万
历四十四年结束。其实这都是幌子，作者所写的
恰是自己身处的雍正、乾隆时代，而他所关注的
也不是明清的重大史实，而是知识分子的命运、
灵魂，即所谓"所阅于世事者久，而所忧于人心

者深"（金和《儒林外史跋》）。冠之以史者，释以知识分子的心路历程才比较恰当。小说的开头有个一楔子，其中借王冕之口说了一句通关全书的话："一代文人有厄！"厄运何来？王冕认为就是八股取士制度，他说："这个法却定得不好！将来读书人既有此一条荣身之路，把那文行出处都看得轻了。"此话其实是吴敬梓费了一生经历和心血得出的沉痛结论，他显然站得比蒲松龄要高，因为他找到了文人厄运的根子，那就是八股式的科举制度。

诚然，清初顾炎武、黄宗羲等人对八股制已经做了深刻批判，其决绝的程度后人很难超越。但是他们的批判着眼在国家、社稷，在制度造成的政治后果；吴敬梓的着眼点却在人，在八股制对文人造成的毒害，以及这种毒害怎样令文人迷失自我，成为废人、疯人，以至失魂落魄、无德无行之人。这方面，《儒林外史》的贡献是无与伦比的。吴敬梓不是思想家，他并不擅长议论和推理，他的反思方式是塑造一批儒林人物，用这些丑陋的形象来表达作者的批判精神，这也是作者的独特之处，它使吴敬梓获得了极大的艺术成功。

作者以为儒士之所以化而为丑，全在于他们将八股当做了人生的唯一追求，并认定人活着的意义都在八股里面，这便造成了人性的病变，丑态于是跟着出现了。马二先生属于其中的一个典型，作为一位"选家"，他专门编辑历届八股范文，以此为生。如果仅把它当做饭碗，却也罢了，问题是马二先生将其当做事业来做，而且认定这事业是全人类最崇高的事业，是文人性命的归依。这就坏了，马二先生因而变成了害己害人的丑儒。书中写他谆谆地教导年轻人说：

> "举业"二字，是从古及今人人必要做的。就如孔子生在春秋时候，那时用"言扬行举"做官，故孔子只讲得个"言寡尤，行寡悔，禄在其中"，这便是孔子的举业。讲到战国时，以游说做官，所以孟子历说齐梁，这便是孟子的举业。到汉朝，用"贤良方正"开科，所以公孙弘、董仲舒举贤良方正，这便是汉人的举业。到唐朝，用诗赋取士，他们若讲孔孟的话，就没有官做了，所以唐人都会做几句诗，这便是唐人的举业。到宋朝，又好了，都用的是些理学的人做官，所以程、朱就

> 讲理学，这便是宋人的举业。到本朝，用文章取士，这
> 是极好的法则。就是夫子在而今，也要念文章、做举
> 业，断不讲那"言寡尤，行寡悔"的话，何也？就日日
> 讲究"言寡尤，行寡悔"，哪个给你官做？孔子的道也
> 就不行了。(《儒林外史》第十三回）

这一番"高论"妙不可言。可以看得出来，马二先生是个实惠的人，他认定读书人世世代代地用功、吃苦就是为了做官，孔夫子也不例外。当今来说，正途便是做八股文章。"除了这事，就没有第二件可以出头。"久而久之，马二先生已不知人的性情为何物。有趣的是，书中偏偏安排了这位老先生逛游西湖，这是对马二的"心测"。除了一路觅小吃，看到羊肉、蹄子、糟鸭流口水外，马二先生没有发现一处好玩的所在，湖岸上那么多着红穿绿的女人来来往往，马二先生看也不看，他已经实惠到不知何物为美，何物为情了。

其实比较下来，马二先生还只是丑得好笑，丑得腐陋，那位老秀才王玉辉才丑得让人痛心。他的亲生女儿要杀身殉夫，身为父亲，王玉辉竟

然说："我儿，你既如此，这是青史上留名的事，我难道反拦阻你？你竟是这样做罢。"女儿死的那天，老伴哭得死去活来，他训斥说："你这老人家真正是个呆子！三女儿她而今已是成了仙了，你哭她怎的？她这死得好，只怕我将来不能像她这一个好题目死哩！"一面还仰天大笑："死得好！死得好！"王玉辉的毒中的比马二先生深得多，以致使他忘却了骨肉亲情。作者的拷问灵魂并未就此而止，后又平添一节，王玉辉在苏州游虎丘，见到船上一个着白装的少年妇人，"他又想起女儿，心里哽咽，那热泪直滚出来。"小说对人性的刻画，对理学的鞭辟，就是这样层层深入，入木三分。

要说丑得触目惊心的还要算周进和范进二人。他俩头发胡子花白了，考了大半辈子还是老童生，连秀才也没中过。三百六十行，行行都有自己的手艺和功用，唯独这些科举失败的儒士，百无一用，徒为天下人耻笑。周进在省城"瞻仰"贡院时，看到秀才们考试的号房，屈辱、怨恨涌上心头，一头撞在号板上，直僵僵不省人事。醒来后又满地打滚，哭了又哭，

"直哭到口里吐出鲜血来"。范进的处境更惨，无以为生，全仗岳丈胡屠户接济，受够了窝囊气。发榜那天，还在集市卖鸡换米，猛听中了举，顿时就疯了，"头发都跌散了，两手黄泥，淋淋漓漓一身的水，众人拉他不住，拍着、笑着、一直走到集上去了"。其实中举前后的周进、范进在境界、才能上并无变化，仍旧是一介腐儒；身份一变，境遇便全变了。几日前胡屠户还在教训范进："像你这样尖嘴猴腮，也该撒泡尿自己照照，不三不四，就想天鹅屁吃！"可数日后，口气顿换："我的这个贤婿，才学又高，品貌又好，就是城里头那张府、周府这些老爷，也没有我女婿这样一个体面的相貌。"中举之前周、范之流是可怜虫，一旦高中，权也有了，钱也有了，人人前来巴结，于是敲诈、受贿，无所不为了。可怜也好，可恶也好，文人的人格在哪里？自尊在哪里？灵魂在哪里？作者在塑造这些群丑时，笔端夹带着悲愤，讽刺里饱含了泪水。此种灵魂的拷问真可谓"深极哀痛，血透纸背"。

《儒林外史》中也塑造了几个正面形象，其

中包括以作者本人为原型的杜少卿。他们的共同之处是都不参加科举，于中有的企图挽回世道人心，有的追求逍遥自适，虽能看破功名富贵，却无法寻找到真正的解放之路。吴敬梓在描述他们时，是多少带着一种苍凉之感的。在无法替文人解脱厄运的情形下，作者最后把眼光投向了市井平民，或许他们才是未来社会的希望所在。反省至此，不亦悲乎！

《红楼梦》：
替两个世界唱挽歌

稍后于《儒林外史》的《红楼梦》无疑是中国古典小说最后的一座高峰，也是名副其实的集大成之作。

鲁迅指出："自有《红楼梦》出来以后，传统的思想和写法都打破了。"[1]《红楼梦》的打破传统其实是在继承传统的基础上实现的，明代的《金瓶梅》、清初的《醒世姻缘传》等世情小说，明清之际的才子佳人小说，《西厢记》《牡丹亭》等元明戏曲以及历代的诗、词、曲、赋等多种艺术形式对其都有明显的影响。如果从文化内涵来看，那继承面就更广了，有人称《红楼梦》是中国文化的一部百科全书，的确有充分的理由。但《红楼梦》的继承不是简单的叠加，而是经过了作者曹雪芹的选择和审视，正如有学者指出的："它里面所贯穿的整体思想，不论是积极面还是消极面，都是在对传统文化整体把握基础上的再认识、再运用和再提高，它既是一种有选择的继承，又是自己的巨大创造。"[2]可见，继承和打破正是辩证地统一于《红楼梦》之中。从审美文化的大走向来看，这部伟大著作之所以获得如此空前的成就，还应归功于作者所采取的彻底而全面的文化反思态度。

小说一开始就道明，作者"曾历过一番梦幻"，"篇中间用'梦''幻'等字，却是此书本旨，兼寓提醒阅者之意"。这些话乃是该书的本质所在。与《儒林外史》相比，前者是写实的，让你看清生活的本来面目怎么样；而《红楼梦》不是这样，它在生活写实之上还罩了一层东西，这东西就是"梦幻"。梦幻是作者对生活的总体评价，它具有哲理意味，内涵很复杂，既是一种价值评判，也是一种审美体验。如此一来，作者的叙述就不是单纯写实了，他创造的世界是真实的，又是虚幻的，真实变为一场梦，而梦幻或许才是最高的真实。我们实在不能用以前的老眼光来看待这部小说，的确，在这里，"传统的思想和写法都打破了"。

小说中的梦幻世界实际上有两个，第一个是昌明隆盛之邦，诗礼簪缨之族。坐实了，它就是贾家的**荣、宁二府**（018）。所谓梦幻乃指这个贵族之家的盛极而衰，刚看它烈火烹油、鲜花着锦，转眼间"忽喇喇似大厦倾，昏惨惨似灯将尽"，"好一似食尽鸟投林，落了片白茫茫大地真干净"，仿佛转瞬即逝的一场繁华梦。变化无常，转眼成空，这是梦幻的第一层意思。第二层意思乃指书中众多当事人的不清醒状态，他们不知道正是自己毁灭了这个家族。小说重笔描写了贾府中的肆意挥霍，极尽奢侈，花银子如淌水，以致入不敷出，"外面的架子虽未甚倒，内囊却也尽上来了"。尤其是贾府中的几个重要人物，贾赦、贾珍、贾琏之流，他们吃喝嫖赌，贪赃枉法，醉生梦死，

王熙凤协理宁国府

018　曹雪芹《红楼梦》：王熙凤协理宁国府（清《增评补图石头记》）

把一个翰墨诗书之族的传统糟蹋殆尽。恰如书中探春所言："可知这样大家族，若从外头杀来，一时是杀不死的，这可是古人说的，'百足之虫，死而不僵'，必须先从家里自杀自灭起来，才能一败涂地呢！"作者不是一般地感叹盛衰无常，要是那样的话，他就入了俗套，谈不上什么深意了。他要展示这个世代簪缨的大家族怎么由盛入衰，自取灭亡的。也就是说，作为一个梦醒者，一个过来人，他要破译这一场梦幻，用以警醒世人。

有意思的是，小说中用了"补天"这一古老的说法，主人公是一块女娲补天余下的石头，"因见众石俱得补天，独自己无才，不得入选，遂自怨自愧，日夜悲哀。"在这个神话典故中，天其实象征着人间世界，或许作者已经意识到，贾府就是整个社会的缩影，而他本来是想挽救其破亡的。可惜的是，作品中的石头不但没有挽救其破亡，相反，他本人也是一个"安富尊荣"者。从这个意义上说，补天云云也可说是一场梦吧。

第二个梦幻世界是情的世界。此情指男女爱欲之情，又不光指爱欲之情。坐实了说，它的生存之地就是贾府中的大观园。大观园虽是贾府的一部分，却与贾府其他地方不同，它自成一世界。该世界之所以特别，首先因为生活在其中的是一群天真纯洁的女孩子，她们没有被外面混浊的世界所污染，保存了人性中那一份真和美，哪怕是斗气拌嘴，哪怕是争强好胜，都是从她们的真情至性出发，没有功利得失的计较，没有邪恶欲念的驱使，她们用情的眼光、情的态度对待一切，甚至不惜为之付出自己的血泪，乃至生命，因而大观园中充溢了一种情的氛围。作者说："闺阁中历历有人"，又说，要"使闺阁昭传"，都是要通过她们再现那一个情的世界。

其次，这个世界中还有一个特殊人物，那就是石头的化身贾宝玉。宝玉是大观园中唯一的男性，他和贾府中所有的男人不同，用警幻仙子的话说，"如尔则天分中生成一段痴情"，"在闺阁中固可为良友，然于世道中未免迂阔怪诡，百口嘲谤，万目睚眦"。从贾家的正统眼光看，宝玉确是一个逆种，他生来不喜欢外面的世界，厌恶男人们从事的仕途经济那一套，他喜欢和女孩子厮混，说什么"天地灵淑之气只钟于女子，男儿们不过是些渣滓浊沫而已"，"我见了女儿便清爽，见了男子便觉浊臭逼人！"宝玉之爱，当然属于男人对女人的爱，但这爱又不光是男女之爱，因为它未导向两性身体的结合，而是走向了另外的地方。宝玉喜欢的女孩子有一大群，然而并不对她们心怀占有欲望，这一点和《金瓶梅》有天壤之别，他说："只求你们同看着我，守着我，等我有一日化成了飞灰，飞灰还不好，灰还有形有迹，还有知识。等我化成一股轻烟，风一吹便散了的时候，你们也管不得我，我也顾不得你们了，那时凭我去，我也凭你们爱那里去就去了。"他其实并无更多的要求，只要彼此之间的真心相待，相亲相爱。这不是一般意义上的男女之情，其实是一种对生活的泛情化的审美态度。说大观园是情的世界，同时也就等于说，那是一个理想的世界。

　　贾宝玉对女孩子的爱并非是均等的，其中最突出的是宝、黛之爱。宝玉的爱确有泛化倾向，却也有生死不移的情人之恋，这是爱中之爱，情中之情，是宝玉灵魂的殿堂。宝玉、**黛玉**（019）之间的关系，到了不可分拆、无可替代的程度，既非因才，也非因貌，这一点完全有别于才子佳人小说，而因为他们是一对真正的知己，所谓"万两黄金容

019 林黛玉（清《红楼梦图咏》）

易得，知心一个也难求"。在此纷纷扰扰的世界中，寻找一个知情知性、同志同心的人间知己，实在是太难了！宝玉找到了自己的另一半，他就找到了灵魂的归宿，找到了生命的价值，找到了抵御外界侵蚀的护卫，找到了继续活下去的理由。他把一切都托付给知己之爱，毫无保留地、义无反顾地托出去，这便充分暴露出了宝玉的荒唐。这么沉重的负载，爱情能够承受得了么？

正如作者指出的，"情即是幻，幻即是情"，情这东西最是虚幻不实。以飘渺无形的东西，去抵御那实实在在的世界，就像用梦幻去反抗现实一样，结果只能是一场空。作为过来人，曹雪芹深悟这一点，所以他说："满纸荒唐言，一把辛酸泪，都云作者痴，谁解其中味？"再想想"梦幻为此书本旨"的话，便可知道作者的用心了。

此外，我们还要再进一层，看到更深的意思，那就是大观园虽为理想的世界，却不是在天上；女孩子们虽然可爱，却非花妖狐魅，作者不是在画梅止渴，也不是凭空臆造，大观园就在贾府里面，女孩子们或是贵族小姐，或是贾府的丫鬟，个个都在人间，且与那个由盛至衰、行将崩溃的大家族血脉相连。可以说，这一纯情的世界就是从那个肮脏的世界中生长出来的，是那个世界对自己的否定。既如此，那个世界会允许其恣意生长，以至于把原有的秩序搞颠倒错乱么？当然不会。于是，大观园的厄运就先于贾府的大崩溃而降临了，女孩子们的摧折也必然接连不断地发生了。

人们都说，梦幻是一种虚化的手段，不知梦的设置恰恰表现了最深刻的现实，传统的大团圆结局，有情人终成眷属，或者死而复生，人间天上，那才是浪漫的虚化手段，给人们以一线希望，一点安慰，《红楼梦》却反其道而行之，它告诉你，那是一场梦，该清醒了！

《红楼梦》写了两个世界，也反思了两个世界，作者的态度是悲观的，他是在为那两个世界唱挽歌。当乾隆盛世如日中天时，当许多文人都在埋头考据、醉心访古时，曹雪芹已经在为我们古老的民族敲响警钟了。中国人的未来在哪里，新世界的曙光在哪里，作为古典文化的总结者，曹雪芹看不到。但是他却启发我们做这样的思考。悲观掩饰不了他对美的渴求和热爱。正因为此，《红楼梦》对中华民族来说，价值是永恒的。

〔1〕　《中国小说的历史的变迁》，载《鲁迅全集》，第9卷，人民文学出版社，
　　　　1981年版。
〔2〕　唐富龄《明清文学史·清代卷》第186页，武汉大学出版社。

迎接现代的审美曙光

古典主义审美文化在清代取得了重大成就，这是谁都不会否认的事实，但与此同时，它的衰变也在日益增长。政府的高压政策，文字狱的横行，八股制的侵害，官方有意识的导引，都对古典文化的进程产生了重大影响，清中叶以后，复古思潮的内核已经发生了病变。诗歌领域，"格调说"的抬头，"考据说"的流行；散文领域，"桐城派"的形成，它们不约而同地对封建义理的强调；戏曲领域，内廷承应戏的大量出现，伦理说教成分的加大等等，都表明古典主义文化的内在生命正日益萎缩，在逐渐走向自己的尽头。与此同时，民主主义思想的发展，商品经济的繁荣，市民意识的重新抬头，以及内忧外患的日益加剧，又使得新文化的生机开始复苏，它们承明末新文化思潮顽强地成长起来，逐渐由弱到强，勇敢地跟日益衰朽的复古文化展开了针锋相对的斗争。

清代的审美文化实际上是在这两种文化的碰撞中向前发展的，后者才代表了中国文化的未来，并在不屈不挠的斗争中为历史的新纪元迎来了一片曙光。

「以怪为美」

反叛传统、标榜自我的艺坛怪杰

　　我们还是从绘画领域谈起。该领域传统与反传统的对立和竞争十分激烈，此长彼伏，轨迹明显。要是追寻这场争斗的缘起，还是要回到清初。当"四王"为代表的正统派风靡天下时，画坛实际上还存在另一支非正统的流派，以"四僧"为代表，他们是弘仁、髡残、原济和朱耷。这四个人的共同点都是反对归宗古人，强调表现个性，提倡突破传统，寻求创新。其中最著名的是原济和朱耷二人。

八大山人与苦瓜和尚

朱耷号八大山人，本明宗室之后，入清不久出家为僧。朱耷的性格狂放怪僻，忽而伏地大哭，忽而仰天大笑，忽而鼓腹高歌，忽而又踊跃舞蹈，人皆目为疯子。一天，他把自己身穿的僧服撕烂，点一把火烧了，然后拖拉着破鞋，走向街头，又唱又跳，引来众人的围观、哗笑；接下来一段时间，他又变得沉默不语，在自家门上书一"哑"字，不与人交一言。在朱耷的胸中大概郁积了太多的愤懑，真正理解他的人又太少了。朱耷喜欢与普通市民、贫困士人交往，尤好饮酒，往往于大醉之后作画，借此发泄。朱耷的作画方式也很奇怪，有人见他在一张大纸上用扫帚头、破帽子蘸着墨汁，随意涂抹，弄得肮脏一片，然后再用画笔细做勾描，最终竟成一幅水墨画。有人说朱耷把传统绘画的优雅文静之美破坏尽了，代之以生硬狂猛。不管后人怎样评价，足见八大山人是枢机独出，不愿拘守成规的。

朱耷最被人称赏的是**花鸟之作**（彩图 13），这些作品中的禽鸟已被作者赋予了人格的内涵，它们或栖息于岩隙，或独立于危石，拱背缩颈，"白眼向人"，一副桀骜不驯的样子。前面已经提到，自元代起写实开始转向了写意，元四大家确立了这个重要传统，到朱耷这里，写意更朝着抽象、象征的方向发展，主观性成分进一步扩大，这一艺术倾向对后人的影响是十分深远的。朱耷的作品不再像以前的画作那样予人以宁静、恬然的美感，而是强烈地刺激观者的情绪，给人抒愤、泄恨的快感。实际上它更适合于近代人的审美感觉。

原济原名朱若极，字石涛，号苦瓜和尚，又号大涤子，是四僧中名气最大的一个。王原祁对其有"大江以南为第一"的称誉，足见当时与"四王"已旗鼓相当。石涛的绘画主张与"四王"截然不同，且针锋相对，他批评风行的复古习气说："余尝见诸名家动辄仿某家，法某派，书画天生自有一人职掌一人之事，从何处说起？"（《题画》）又说："今问南北二宗，我宗耶？宗我耶？
一时捧腹曰：我自用我法。"（《题画》）石涛的创
作主张强调"我"字，他不像当时许多作家，因
酷似古人而自喜；相反，他鄙视这一点，他的名
言是："我之为我，自有我在。古之须眉，不能
生我之面目。古之肺腑，不能安入我之腹肠。我
自发我之肺腑，揭我之须眉！"（《苦瓜和尚画语
录·变化》）石涛反对模仿古人，却强调与自然建
立亲密的关系，宣称："山川使予代山川而言也，
山川脱胎于予，予脱胎于山川也。搜尽奇峰打草
稿也，山川与予神遇而迹化也。"（《苦瓜和尚画语
录·山川》）"搜尽奇峰打草稿"是一句名言，然
而这不意味着要客观地再现自然，石涛的主张是
与自然之间建立一种深刻的默契式的审美关系；
我是山川，山川也是我，二者化而为一，故而其
作品既是自然美的体现，也是作者个性的外化。

　　石涛的山水之画讲究气势，给人磅礴、震撼
的审美感受，与过去传统的山水画相比，他的作
品有一种运动感，这大概即是由作者充沛的气势
所导致。他自己说过："有真精神、真命脉，一
时发现，直透纸背，此皆是以大手眼，用大气

力，摧锋陷刃，不可禁当，遂令百世后荧荧不灭。"（《苦瓜山人自题》）石涛好用湿笔，墨气浓重，有时喜欢干湿相间，造成强烈的反差效果。他不拘小处瑕疵，好从大处着眼，追求整体效果。画中那种令人震撼的气魄，淋漓酣畅的墨迹，今天看来依然充满了蓬勃的生命力。

我们来看这幅**岩居图**（020），山峰、巨石撑满了画面，上面没有一棵树木，中间是一座孤零

020 原济《岩居图》

零的小屋，一人端坐其间，头顶上危石压坠，其势甚险。作者用转折顿挫的线条表现荒山乱石，乍一看去，仿佛全体山石俱在飘舞，那些线条，既像山，又像海涛，抽象意味很浓。整幅画面荒凉、压抑之感、孤高不屈之气毕现。再看《**采菊图**》（021），画面十分简练，左侧一株枯树，垂

021　原济《采菊图》

9 / 北京故宫俯瞰全景图　　　　共拥有建筑物一千余幢，房屋九千多间，建筑面积为 15 万平方米。

⑩ / 太和殿

11 / 中和殿

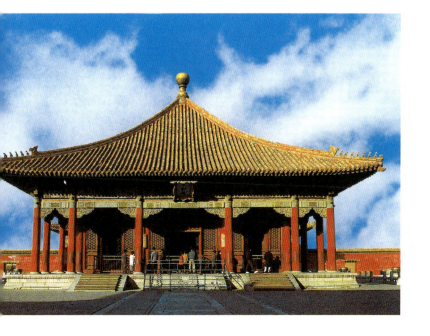

⑫ / 苏州拙政园小飞虹

⑬ / 朱耷
《柳条八哥图》

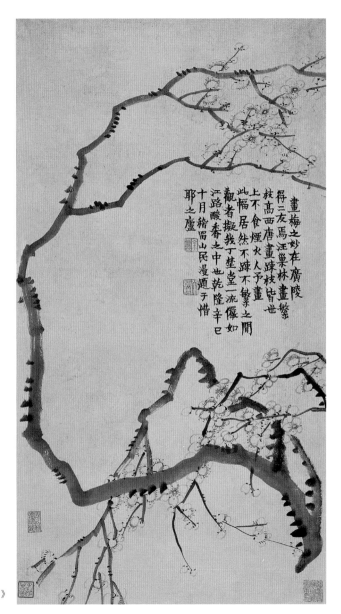

画梅之妙在广陵
得二友焉马汪巢林画繁
枝高西唐画疎枝皆世
上不食烟火人予画
此幅居然不疎不繁俨如
观者拟我丁埜堂一流傥如
江路酸春之中也乾隆辛巳
十月稽留山民漫题于惜
耶之庐

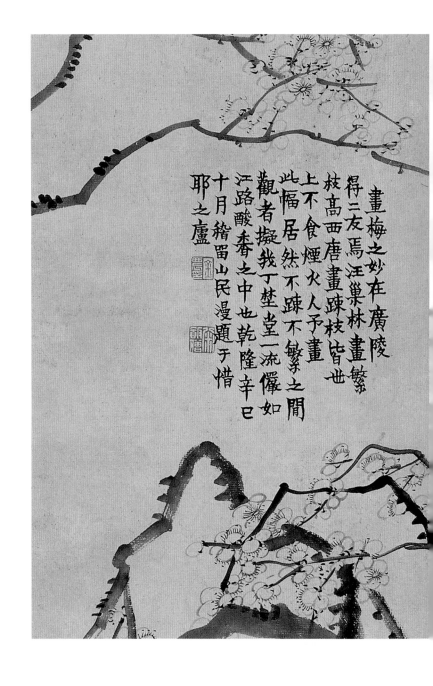

畫梅之妙在廣陵
得二友焉汪巢林畫繁
枝高西唐畫疎枝皆世
上不食煙火人予畫
此幅居然不疎不繁之間
觀者擬我丁敬堂一流儼如
江路酸香之中也乾隆辛巳
十月稽留山民漫題于惜
耶之廬

下数根枝条，树旁站立一人，右手下垂，左手握持一束菊花，递至脸前，头微仰，目视远方。作者自题诗云："采采东篱间，寒香爱盈把。人与境俱忘，此语语谁者？"作者显然是以陶渊明自况。但细观画中人嗅菊之态和他右眼上翻的目光，你能强烈地感受到一种傲然不屑、旁若无人的态度，他仿佛在说："除了这束菊花之外，这个世界我还在乎谁呢！"此作与八大山人的鱼鸟图有异曲同工之妙。石涛的作品无论山水、兰竹还是人物，都给人强烈、深刻的审美感受，他和朱耷直接启发了后来"扬州八怪"的创作。

扬州八怪

到雍正、乾隆时期，产生了两个绘画中心，一个在北方的京城，以宫廷画家为主，另一个在南方的扬州，作家都是下层的文人。扬州是一个商业化城市，经济繁荣，又具有浓厚的文化气氛，许多画家不约而同地聚集于此，形成了扬州画派。当时有"扬州八怪"的说法，具体指哪八位画家，说法并不一致。比较为多数人接受的是这样八人：金农、郑燮、黄慎、李鱓、汪士慎、高翔、李方膺和罗聘。被列入"八怪"的还有华嵒、高凤翰、边寿民、闵贞、李勉等人。因此，"扬州八怪"实际上也就是扬州画派。

扬州画派与京城的宫廷画派形成了鲜明对比，首先，他们都生活于下层，以卖画谋生。有人做过小官，但不久就被黜退。其次，他们所采取的是一种非正统、非官方的立场和态度。这批作家对市民的趣味十分了解，创作明显带有通俗化倾向，他们作品中山水画的隐退、花卉鱼鸟题材的上升、蔬菜瓜果等日常生活物品的出现都说明了这一点，这与元代的四大家又形成了差别。再次是这批作家均反对复古，提倡标新立异，加上孤傲不羁的性格，漠视权贵的激愤，在艺术上便体现出丑、奇、怪、乱的特点来。最后，这批作家都具有深厚的文化素养，和一般江湖上的画匠不同，往往诗、书、画、刻兼擅，并加以融通、结合，用以表现复杂、丰富的精神内涵。到"八怪"这里，文人画走向了雅俗共赏的方向，它们既不是阳春白雪，也不是单纯的下里巴人，可以说开创了一种融雅俗为一炉的新型的审美风格。

郑燮是八怪中最受人爱戴的画家，他字克柔，号板桥，江苏兴化人。之所以受人爱戴，除了精湛的艺术之外，作者的人格也是一个重要因素。郑板桥是一个直率坦诚的人，阅读他自我表白的文字，最有意思："板桥最穷最苦，貌又寝陋，故长不合于时，然发愤自雄，不与人争，而自以心竞。"（《刘柳村册子》）"酷嗜山水，又好色。"（《板桥自叙》）"吾壮年好骂人，所骂者都属推廓不开之假斯文。"（《再谕麟儿》）另外，他也是一个富有生存智慧、大巧若拙的人，比如传颂最广的那句名言："难得糊涂。"还有"聪明难，糊涂难，由聪明而转入糊涂更难"，以及"打松算盘，得大自在"，"无不知己，无一知己"等等，这样的人品和智慧，怎么不招人喜爱呢？板桥是个全能艺术家，人称诗、书、画三绝，其实他的篆刻也很出名，所刻印章有："二十年前旧板桥"，"青藤门下牛马走"，"动而得谤，名亦随之"等等，广为人知。在创作上他提倡三真，即真气、真意、真趣，主张艺术必须发自肺腑，最反对人云亦云。在诗文方面他说过："诗则自写性情，不拘一格，有何古人，何况今人？"（《花间堂诗草跋》）又说："英雄何必读书史，直摅血性为文章。"（《偶然作》）这些观点都是与复古主义文艺观相左的。郑板桥的审美追求，据他自己说，是："掀天揭地之文，震电惊雷之字，呵神骂鬼之谈，无古无今之画。"（《乱兰乱竹乱石与汪希林》）观其现存的文字，虽说算不上震电惊雷，却也是率性而发，随意挥洒，有些道情、小唱等诗作民歌气息浓厚，嬉笑怒骂，人目为狂怪，也就十分自然了。

郑板桥的书法独创一格，作者自称**六分半书**（022）。我们知道，隶书又称八分，郑杂入楷书，又兼收篆、草，自成一种独特的书体，故称"六分半"，用他本人的话说，"亦是怒不同人之意"（《刘柳村册子》）。板桥体看上去的确有点怪，肥瘦、高矮，各个不一，瘦则窄似一杆，肥又阔如块石，似拙非拙，似斜非斜，人称乱石铺街。有

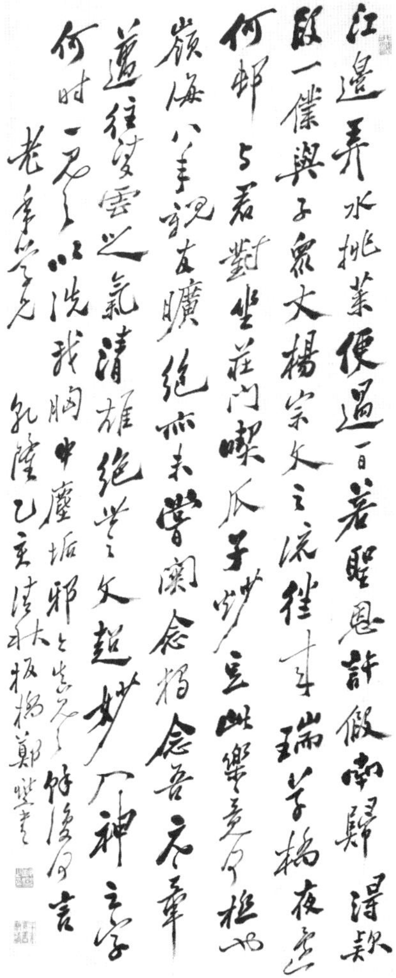

022 郑燮：六分半书

时在厚重的隶体中忽然来一草字，轻盈若舞，煞是有趣。板桥还将画法入书，在其竖撇转折中能够让人感觉到绘画的妩媚之美。蒋士铨写诗称："板桥作字如写兰，波磔奇古形翩翩。板桥写兰如作字，秀叶疏花见姿致。下笔别自成一家，书画不愿常人夸。"（《题郑板桥画兰》）书画合流古已有之，而郑板桥又将之融入自己特殊的风格当中，丑美交融，流转往复，遂令观者回味无穷。今人傅抱石评论说："这不但在当时是一种大胆的惊人的变化，就是几千年来也从未见过像他这样自我创造，形成一派的。"（《郑板桥试论》）的确不为虚言。

郑燮的画是最出名的，不论高低贵贱之人都喜欢他的画，可称为典型的雅俗共赏的艺术。板桥最擅长画兰竹，这种题材实际上比山水更受到下层民众的欢迎。他说过，我的兰花、竹子、石头不是供富有者享乐的，而是安慰天下劳苦人的，足见作者怀有很强的大众意识。另一方面，板桥又借兰竹来抒写自己的人格理想，他说："故板桥画竹，不特为竹写神，亦为竹写生。瘦劲孤高，是其神也；豪迈凌云，是其生也；依于石而不囿于石，是其节也；落于色相而不滞于梗概，是其品也。"（《题画》）他又说过："兰花不是花，是我眼中人。兰香不是香，是我口中气。"（《题画》）可见安慰劳苦大众和标榜独立的个性在郑板桥的画中是融合统一的，仅就这一点来说，就是一种了不起的创造。

郑板桥作画更注意提炼物象之神，同时也不废其形。他强调要写出竹之乱来，所谓"宁乱毋整"，又指出："近日禹鸿胪（之鼎）画竹，颇能乱，甚妙。乱之一字甚当体任，甚当体任！"（《乱兰乱竹乱石与汪希林》）乱，本是竹子生命力旺盛的体现，富有写实的真趣，同时也是作者受到徐渭、朱耷及石涛艺术启发的结果。**郑板桥的竹子**（023）多生长在石头边上，高高拔起，枝干不粗不壮，但劲挺坚韧，竹节清晰，叶片横生，颇有乱态。他的兰花亦长于乱石之中，茎长而多，饶有书法之笔意，富于盎然的野趣。这些都是受平民爱戴的原因。

众所周知，郑燮是以卖画为生的，他对此毫不忌讳，且在门上把价钱明码标示出来，并于

023　郑燮《墨竹图》

上题诗说："画竹多于买竹钱，纸高六尺价三千。任渠话旧论交接，只当秋风过耳边。"（《笔榜》）体现出新型的艺术家的态度。他深赏唐寅的诗句"闲来写幅青山卖，不使人间作孽钱"，如果说唐寅仅是"闲来"的话，郑板桥则是完全职业化了。这不由使人想起《聊斋志异》中的黄英，蒲松龄笔下那个艺术化的形象，如今不是来到人间了吗？

金农，字寿门，号冬心先生，是个一天官也没做过的贫士，因艺术造诣很高，被人称做八怪之首；又由于性格逋峭，世人皆以迂怪目之。金农的书法功底深厚，他酷好碑刻体，是最早转向碑体的书家之一。金书与众人不同，自创一种怪体，他将毛笔的尖端剪去，用平头书写，效果如同漆帚刷出来一般，人们因而称之为**漆书**（024）。金农的漆书字体成方形，不见笔锋，秃头秃尾，转折处微有弧度，酷似出土的汉简，有一些则横肥直细，结体厚扁，笔势内蕴，好像一个人愤而不发，憋足了气；中间偶有几笔细细抽出，如飞镖，似剑刃，类英雄偶露峥嵘。它们是作者心态的绝妙写照。郑

024　金农：漆书

板桥曾评论金农道:"乱发团成字,深山凿出诗。不须论骨髓,谁得学其皮!"(《赠金农》)郑与金是艺术上的一对怪杰,他们彼此之间是深相默契的。

金农的画域很宽,山水、人物、花鸟、梅竹兼善,据说他50岁才开始学画,借助其深厚的书法功底,以书笔入画,终成一代名家。金的山水画笔法简略,注重情味表达,有一种天真、拙稚之趣;人物则好画僧人和尚,表情十分传神,也为世人所喜爱。金农最擅长的是墨梅,它们是作者心目中的自我形象,故显得质朴、苍老。其**梅花**(彩图14)以淡墨画干,浓墨点蕊,浓淡相衬,黑白分明,别具一番趣味。他自己题画说:"近来老丑无人赏,耻向春风开好花。"实际上金农所谓的"丑"属别一种情趣之美,含有丰富的意味,所以深为人爱。金农的竹子也很有特色,好用焦墨作长竿大叶,笔法硬挺,叶叶皆乱,人称如战场中的折刀头,又称为"鬼国铁"。他本人解释说:"苍苍凉凉,袭其天真,而无好面目也。""无潇洒之姿,有憔悴之状。"(《冬心画竹题记》)可以说竹子乃作者又一种形态的自我，它们虽然受到了创伤，却又顽强地抗争，不向正统势力妥协。金农作品的精神实质也就在这里。

"扬州八怪"其他作家也都各有自己的怪招，如黄慎之人物，李方膺之游鱼，汪士慎之梅，李鱓之松，高翔之古木，罗聘之鬼，皆自成一格，个性鲜明，突破了传统的画风。在古典艺术逐渐走向衰落、人心思变的社会背景下，八怪的书画代表了一种新的审美趋向，它们引发了一场艺术界的革命，成为中国近、现代艺术的先声。

2

渴望风雷

封建末世的两位狂飙诗人

与"扬州八怪"的存在同时，其他艺术领域也在发生深刻的变化。如戏曲界，花部如雨后春笋，纷纷崛起，打破了昆曲一统天下的局面。多样化本身也就是一个平民化的过程，它与宫廷化趋势形成了分庭抗礼的态势，雅与俗的对立也在竞争中逐步走向融合。最为突出的还是诗歌领域，随着复古主义思潮的逐渐正统化、伦理化，诗学界出现了"格调说"和"肌理说"两派，前者承明代七子主张，却偷换了其精神实质，转而强调正统儒教厚人伦、匡政治的一套，立论迂腐不堪；后者在提倡诗风"醇正"的同时，又竭力主张考据入诗，视经史考订为诗歌之主干。在这种情况下，新的诗学浪潮应运而生，与他们展开了针锋相对的论争，代表人物就是赫赫有名的袁枚。

离经叛道的袁才子

袁枚字子才，号简斋，因曾在南京买下随园别墅，故又称随园主人。袁枚的人生观显然与传统士大夫不同，他二十来岁中进士，三十来岁就辞官了，原因在不满"为大官作奴"的生活，这似乎与陶渊明不为五斗米折腰相似。然而袁枚又是一个不甘寂寞之人，他自述："袁子好味，好色，好葺屋，好游，好友，好花竹泉石，好圭璋彝尊、名人字画，又好书。"（《所好轩记》）据称他就是因为喜欢南京小仓山的园林，才"以一官易此园（随园）"的。以袁枚的人生经历来说，他实在算不上一个隐士。袁枚的精力主要花费在诗文创作上，"尽其才以为文辞诗歌"。他热衷于创作，也热衷于诗歌理论的建构，这也是不甘寂寞的表现吧。

袁枚的诗学理论集中体现为"性灵说"，性灵本是明末袁氏兄弟提出的口号，具有新兴审美文化的特点，袁枚继承了这些因素，并用它来反击当时的正统诗论。他说："格调是空架子，有腔口易描，风趣专写性灵，非天才不办。"（《随园诗话》卷一）这是反对主张复古的"格调说"；又宣称："凡诗之传者都是性灵，不关堆垛。"（《随园诗话》卷五）这是否定考据为诗的"肌理派"。特别对沈德潜主张的"格调说"，袁枚尤为不满，曾与之反复论辩，其云："至于性情遭遇，人人有我在焉，不可貌古人而袭之，畏古人而拘之也。""至所云诗贵温柔，不可说尽，又必关系人伦日用，此数语有褒衣大裙气象，仆口不敢非先生，心不敢是先生。"

（《答沈大宗伯伦诗书》）从某种程度上说，这场论争是明末诗坛大辩论的继续。在复古还是尚今这一点上，两派的观点确实各有传承。然而，清代的"格调说"揉进了封建正统的诗教观，有以理为美的倾向，其性质不但迂腐，且不乏依势压人之意，这就引起了袁枚更深的鄙视和更强的抨击。袁枚身处经学盛行的时代，对封建礼教、程朱理学这一套却是本能地感到厌恶，他自称"孔郑门前不掉头，程朱席上懒勾留"（《遣兴》），又指责当时的理学家"半德行之伪者"，对那些热衷理学入诗的人，更斥为"非顽不知道，即窳不任事，赃私诌谀，史难屈指"（《答蕺园论诗书》），摆出了一副反叛正统、挑战权威的姿态。

袁枚的"性灵说"与明末审美思潮基本相同，也是主张以情为美，他说："性情以外本无诗。"（《随园诗话》卷七）"有必不可解之情，而后有必不可朽之诗。"（《答蕺园论诗书》）又说："诗人者，不失其赤子之心者也。"（《随园诗话》卷三）这些话与李卓吾、袁氏兄弟的观点极为相近。而在人的诸般情感中，袁枚又最推崇男女之情，说"情所最先，莫如男女"，这一点尤为道学家痛恨，而袁枚却视为颠扑不破的真理。正统诗学强调以理制情，去淫滥而归雅正，袁枚却反其道而行之，以情为美，以人的本性为美，两种观点可谓判若水火。其实袁枚只不过比袁氏兄弟向前多走了一步，说出了他们尚未说出的话，但此已足以使他获得"名教罪人"的"桂冠"了。

袁枚不但是情美论的鼓吹者，也是积极的实践者，他的诗集中有关男女之爱的作品很多，所谓"千言万语写相思"（舒位《始读小仓山房诗集竟题其后》），它们大多不合礼教规矩，有的甚至被视做轻佻油滑。然而不管怎么说，这些作品皆属于真情的流露，货真而价实。比如他写给爱妾聪娘的一组绝句，其中一首说："一枝花对足风流，何事人间万户侯。生把黄金买别离，是侬薄幸是侬愁。"此是作者离家赴外地任职时所作，因深感相思的难熬，以至悔恨为功名利禄而奔走他乡。另如"春花不红不如草，少年不美不如老"，"蝴蝶思花不思草，郎思情妹不思家"等，这种诗句虽然谈不上轻佻，却是正统士大夫绝对写不出来的。袁枚还收有许多女弟子，认为女子天生具有作诗的禀赋，在他培养下还真出了一批女诗人。这一切都与他的诗学主张相吻合。

作为一种趋向于近代的诗学观，除了情美说以外，袁枚还有"风趣说"，风趣是袁氏性灵诗学的又一重要环节，具有更为普遍、深刻的美学意义。什么叫风趣呢？袁枚在《随园诗话补遗》中打比方说，菱角、竹笋、鱼虾，这些东西都属于美味的食品，但只要过了半个时辰，色味俱变，毫无鲜美可言了。作诗也是这样，你一旦发现了有趣的诗意，就要用最鲜活生动的语言，原汁原味地把它表现出来，千万不要长久地沉吟，不要引用古人的陈芝麻烂谷子，宁可不合韵律，也不能失去生机，宁可如野马，也不能像疲驴，宁可做活老鼠，也决不效死蛟龙。这实在是一种非常有意思的诗学观，让人耳目一新。

我们知道，古人作诗，强调千古不变之情，许多作品都是在胸中酝酿许久后才成形的。一旦作成，又可传之千古，更百世而不变，所谓

"文章千古事，得失寸心知"，所谓"两句三年得，一吟双泪流"。由此可见，古代人的创作观以永恒为美，以沉厚为美。袁枚却正好相反，他认为美是在一瞬间发现的，你不抓住它，过了这个村就没这家店了。美不在永恒，而在短暂之中，诗也不需要过分沉重，只要让人觉得新颖有趣，任务便完成了。他甚至说过"诗能令人笑者必佳"（《随园诗话》卷十五）。这些确实构成了审美观的一大转变，说得过分一点，乃是对诗是什么的一种重新诠释，以前的诗歌观念都被颠覆了。你看，以悲为美被以笑为美代替了，以厚为美被以轻为美代替了，以永恒为美又被以新鲜为美更换了。其实"风趣说"是近代价值观的一种体现，它明显地带有市民的审美眼光，具有都市化的特点。在商业化的社会里，生活的节奏加快了，人际的交往增多了，旧事物湮没了，新事物诞生了。你要适应生活，融入生活，要在当下的生活中发现美，就得采取这种开放的态度。不然的话，即可能被置于生活之外，可能成为老古董，成为疲驴，甚至死蛟龙。与其死守旧堡垒不放，作无谓之呻吟，不如拥抱新生活，做一个新时代的弄潮儿。袁枚本人便采取了这种态度，他的"性灵说"与"八怪"的艺术立场实际上是十分接近的。

风趣既是对内容美的规定，也是对形式美的要求，袁枚说过，"味欲其鲜，趣欲其真"（《随园诗话》卷一），后者偏于内容，前者偏于形式。怎样的诗才谓之鲜美呢？他解释说："其言动心，其色夺目，其味适口，其音悦耳，便是佳诗。"（《随园诗话补遗》卷一）这里面似乎没有古今之分，雅俗之别。实际上新鲜美的要求已经把生动的现代语言推到了前台，袁枚果然就说过，"口头语说得出便是天籁"（《随园诗话补遗》卷三），甚至"辣语、荒唐语亦复可爱"（《随园诗话》卷十），前举袁枚的诗中也借用了民歌语言。其实，诗歌语言的通俗化自元代即已经开始，经过明末"公安派"的倡导，一直伸展至清中叶。当时除了袁枚之外，还有宣称李杜诗篇不新鲜，主张各领风骚数百年的赵翼，倡言"天籁自鸣天趣足""每从游戏得天真"的张问陶，以及"直摅血性为文章"、不避俗语俚词的郑燮，他们都属于这个过程的延续。

此过程虽然没有使古典诗歌的整体造成大的变化，然确也形成了冲击，并对近现代的诗坛革命起到了重要的先导作用。

与"公安三袁"相比，其实袁枚等人还不属于一味追俗的诗人，他们还是比较注意化俗为雅的。据袁枚本人记载，在随园中有一个担粪工，一天清晨向主人报喜说："梅树有一身花矣。"袁枚觉得此言有趣，于是取之入诗，言"霜高梅孕一身花"。又有一次，一个和尚来园中为袁氏送行，无意中说了一句："可惜园中梅花盛开，你却带不去。"袁枚受到触动，衍为诗句："只怜香雪梅千树，不得随身带上船。"（《随园诗话补遗》卷二）诸如此类。袁枚的诗总的来说正处在雅俗之间，所以"上自公卿，下至市井负贩皆知其名"（《清史稿·袁枚传》）。在这方面，袁枚要比"公安三袁"来得成熟、圆通一些。实际上诗歌变革的课题之一，就是雅与俗的融合与转化，传统与现实的整合很大程度上也取决于此一对关系的处理，处理好了，传统诗歌依然会焕发出新的生命力。对此，"扬州八怪"与袁枚都有着不可磨灭的卓越贡献。

骇世惊俗的龚狂人

如果说乾隆时代是清王朝的鼎盛期，一时的繁荣掩盖了封建社会总体的没落和腐朽的话，那么进入嘉庆、道光以后，它的全面衰败便悄悄降临了。一切都变得沉闷冷寂，过去热闹过的文化舞台，显得毫无生气，仿佛死水一潭。沈德潜、翁方纲这样真诚、热烈的卫道者没有了，"乾隆三大家""扬州八怪"这样生气勃勃、才华横溢的艺术家更是没有了。堕落为附庸的复古主义与专横的皇权政治结合起来，拼命地压制中国近代化的进程，造成了磐石压顶般的精神禁锢。在这种形势下，士人们纷纷以退缩为老成，"避席畏闻文字狱，著书都为稻粱谋"。人们看到的是一个无声的中国。与此同时，西方列强已渡过重洋，开始侵犯沉睡的中华帝国，古老的中国面临着内忧外患的严重局面。就在这时，出了一个大声疾呼、奔走求变的奇士，他便是狂人龚自珍。

龚自珍的狂，不光在于他言无忌惮，傲岸不群，伤时之语、骂座之言比比皆是，也不光在于他地位低微，却敢于批评国家大政，屡废屡言，

决不收敛；更主要的是他有一套在当时被视为骇
世惊俗的文化观。龚自珍是第一个站出来说，我
们已经处在衰世的人。龚自珍指出，衰世看上去
和升平治世一样，一切相安无事，没有争斗，没
有不平，更没有动乱，显得井井有序，然而它的
背后却隐藏着绝大的危机。这危机的根子不是别
的，恰在于整个社会对人才的扼杀，在人格的奴
化和丧失。我们在《儒林外史》中已经看到八股
制对士人的毒害，看到了知识分子人格的异化，
这一趋势到龚自珍时代已达至全面崩溃的程度，
人们没有理想，没有精神追求，没有自尊和人
格，只知图划眼前的实惠和享受。最为腐败的是
握有着权力的各级官吏，他们"官益久，则气益
媮，望愈崇，则诌愈固，地益近，则媚亦益工"
（《明良论》之二），恰恰就是这样一批行尸走肉、
丧失了灵魂的躯壳在运转着国家，主宰着沉浮，
而且走红吃香，左右逢源。龚自珍把目光还朝向
了那些尚有主见、为数已经不多的人才，他们的
命运怎么样呢？请看他的描述："而才士与才民
出，则百不才督之、缚之，以至于戮之，戮之非
刀、非锯、非水火，文亦戮之，名亦戮之，声音

笑貌亦戮之。戮之权不告于君，不告于大夫，不宣于司市，君大夫亦不任受。其法亦不及要领，徒戮其心，戮其能忧心，能愤心，能思虑心，能作为心，能有廉耻心，能无渣滓心。又非一日而戮之，乃以渐，或三岁而戮之，十年而戮之，百年而戮之。"(《乙丙之际箸议第九》) 这就是衰世独具的杀人不见血的勾当，这就是狰狞残忍的衰世的真相。

在龚自珍看来，所谓人才，是具有健康人格的人，最重要的是拥有一颗尚未病变的心，他们能忧、能思、能愤、能耻，脸上能现出由衷的笑容，心里能绽开美丽的花朵，一句话，他们是社会的良心和希望。龚自珍的贡献在于，他把人的问题与国家的兴亡、民族的衰败紧紧联系在一起，人才的被摧残，意味着国家的衰败，人才的灭绝昭示着民族的消亡，而这恰是封建社会走向没落的真正原因。这一认识使得他走在了所有人的前面，甚至超越了自己的政治立场，成为中国封建文化的最有力、最深刻的批判者。

龚自珍与袁枚所处的时代不同，两人对人的审视角度也不一样。袁枚的"性灵说"关心的是个人性情的充分展开，是审美意趣的获得和表达；龚自珍则从救世的立场出发，谋求健康人格的呵护和人的才能的实现。袁枚把个性问题当做人的生活态度，当做情感问题来对待；而龚自珍则把人放在了社会发展的大背景中，作为一个社会问题来考察。相比之下，龚自珍的"人才说"具有更为广阔的视野，同时也具有更加紧迫的社会意义。只有站在整个大文化的立场上，才能更全面、更完整地把握人。

但是这样一来，人本身是否就成为实现目的一个工具，拯救社会的一种手段了呢？换句话说，龚自珍的人才说在本质上是否具有审美价值呢？实际上，这一人才观是具有两重性的，对社会来讲，人才是手段，是方式，是振兴国家的途径；对人自身来讲，才能的实现也就是自我价值的完成，人性越健康，个性越舒展，人才的使用价值也就越高，社会也就越进步，二者互为因果。龚自珍说过："天地之间，几案之侧，方何必皆中圭，圆何必皆中璧，斜何必皆中弦，直何必皆中墨。""皆名其名，皆形其形，是为好削成。大命以倾。"(《定庵八箴》)只有保证每个人的个性充分地展开，社会才能发展，否则按照封建的规矩束缚、奴役人，人才遭受摧残，社会也必将毁灭。他的这种思想是功利的，社会的，同时也是审美的。

最能体现龚氏审美观的还要数那篇著名的《病梅馆记》：

> 江宁之龙蟠，苏州之邓尉，杭州之西溪，皆产梅。或曰：梅以曲为美，直则无姿；以欹为美，正则无景；梅以疏为美，密则无态。固也，此文人画士，心知其意，未可明诏大号，以绳天下之梅也；又不可以使天下之民，斫直、删密、锄正，以夭梅、病梅为业以求钱也。梅之欹、之疏、之曲，又非蠢蠢求钱之民，能以其智力为也。有以文人画士孤僻之隐，明告鬻梅者，斫其正，养其旁条，删其密，夭其稚枝，锄其直，遏其生气，以求重价，而江浙之梅皆病。文人画士之祸之烈至此哉！予购三百盆，皆病者，无一完者，既泣之三日，乃誓疗之，纵之，顺之，毁其盆，悉埋于地，解其棕缚；以五年为期，必复之全之。予本非文人画士，甘受诟厉，辟病梅之馆以贮之。呜呼！安得使予多暇日，又多闲田，以广贮江宁、杭州、苏州之病梅，穷予生之光阴以疗梅也哉？

龚自珍不光是一个狂人，同时也是一个痴人，我们从他对梅花的一片痴情上看到了这位奇士的精神境界。在《红楼梦》中林黛玉曾有葬花之举，那是艺术虚构，龚自珍却将疗梅一事带到了人间。他想疗救的不光是梅花，更是人们已被扭曲的心灵，而美丽缤纷的梅花便是他对健康人性的真正祈盼。其实，龚自珍本质上更是一个诗人，他最终追求的是人的审美价值的完成。由《病梅馆记》伸展开去，可以想见，遍地恣意怒放的梅树不就是他心目中的开明之世么？对无功利的梅花的培植不就是最大的功利么？由此而看当世，人的解放不也是挽救社会的一帖良药么？

龚自珍的伟大不仅在于他对现实和历史的反思，更在于他对社会变革的呼唤，他说："才者自度将见戮，则蚤夜号以求治，求治而不得，悖悍者则蚤夜号以求乱。"（《乙丙之际箸议第九》）假如这个社会不能自我更新，那么就来一场革命的风暴吧。"则山中之民，有大音声起，天地为之钟鼓，神人为之波涛矣。"（《尊隐》）他已经预见到了社会大动乱的来临，与其在窒息的空气中死去，不如经历一场摧枯拉朽的暴风骤雨，在风暴中求得新生。在龚自珍的诗中，"风雷"已经成为一个常见的字眼：

> 九州生气恃风雷，万马齐喑究可哀。我劝天公重抖擞，不拘一格降人材。（《己亥杂诗》之一百二十四）

龚自珍的文化立场与此前的任何人都不同，他是属于未来和新时代的。作为一个站在古代和近代之交的诗人来说，他不但称得上是一个伟大的预言家，也是一个张开双臂迎接新生活的人。梁启超后来指出："晚清思想之解放，自珍确与有功焉。光绪间所谓新学家者，人率人人皆经过崇拜龚氏之一时期，初读《定庵文集》，若受电然。"（《清代学术概论》）有人将龚自珍比作中国的但丁，其意正在于此。狂人龚定庵因此成为古老的中国第一个走向曙光的新人。

3 『来日方长』

全面革新的近代审美文化

　　中国的文化进程有其自身的发展规律，她不断地演变着，向前发展着。自 11 世纪以后，传统的审美文化当中就已经出现了新文化的因子，这些因子逐渐成长壮大，酝酿着文化的变革和更新。然而由于历史的原因，进入清代之后，此进程受到了阻滞，放慢了推进的速度，直至 19 世纪中叶鸦片战争的爆发，西方列强的侵入，才打破了中国封闭、自守的局面,中国社会的性质由此起了变化。在这种情况下,文化的大规模变革才得以发生。

近代文化的变革从根本上说,并没有割断中国文化的连续性,应该讲它是这一进程的继续。但是,由于西方列强对中国封建社会的强行破坏,由于中华民族被逼到了生死存亡的关头,文化的变革就被迫采取了激烈的、跳跃的形式,这一跳跃把中国的审美文化从古代一下子推进到了近代领域,实现了质的飞跃。从此,中国文化开始了一个新的纪元。如果说,此即是中国新时代的曙光的话,那么这曙光是用鲜血染就的。此外,因为近代审美文化的特殊性质,它从一开始就具有许多不成熟之处,这些不足又为中国现代文化的崛起留下了一系列的课题。由此,近代文化便成为古代文化走向现代化的一座桥梁。

审美与启蒙

从鸦片战争到辛亥革命,中国封建社会的危机是一步步加深的,其间经历了第二次鸦片战争、中法战争、中日甲午战争等一系列以中国失败、丧权辱国告终的中外战争。特别是中日甲午战争，宣告了洋务运动的彻底破产，暴露出清政府顽固保守、腐败无能的真实面目，全国上下变革的呼声高涨，空前规模的救亡运动一浪高过一浪，这就是近代审美文化兴起的契机。迫切的时代需要——变法图存激发了文化革新的热情，同时变法图存又使文化革新带上了强烈的社会功利色彩。

任何变革都离不开人的参与，尤其是近代性质的社会运动，需要广大民众高度自觉的投入，因而人——这一老而又新的课题便再一次被改革者们提上了日程。继龚自珍呼吁挣脱束缚、解放病梅后，仁人志士受到西方思想影响，进一步提出了自由、平等的口号。梁启超在传奇剧《新罗马》里借剧中人之口高呼："只要人权自由，铁血助他成就。"新派诗人蒋智由也在诗中召唤："力填平等路，血灌自由苗。"(《卢骚》)一时间争取自由、平等，反抗封建枷锁成为新的人文思潮。然而，在大敌当前、危机压顶的形势下，当时的人文主题更多的还是集中在了"觉醒"二字上。觉醒既指对国家、民族危难形势的清醒认识，也指人们对权力、尊严和责任的自觉，它是一种二重的觉悟，梁启超甚至称它为"吾国四千年大梦之醒"（《戊戌政变记》）。面对帝国主义列强的肆意凌辱，面对封建奴化教育下变得麻木不仁的人民，面对洋人跟前卑躬屈膝的满清官僚，一批先觉者主动担负起了"骂醒奸奴，唤醒国民"的责任，他们要把"昏昏睡梦中"的民众叫醒，要把醉生梦死的官吏喊醒，造成一场最大规模的政治改革运动。这觉醒因而就具有了鲜明、强烈的启蒙性质。所谓"咱（咱）要信国民义务是天然，咱要信倚赖他人是一种奴才券，生也厮连，死也厮连，任把七尺顽躯散成灰，也教一国同胞团成片"，"不管他上等社会，中等社会，下等社会，九流三教，但使有爱国的热血，只管前来"（梁启超《新罗马》传奇）等等。大量这一类的宣传表明，以人为主题的启蒙运动，包括争取自由、平等在内，实际上更多地还是侧重在挽救危亡的方面。

随着这一股启蒙思潮的兴起，审美文化受到了人们高度的重视，被提升到前所未有的重要位置上。梁启超曾指出："美是人生一大要素，或者还是各种要素中最要者，倘若在生活全内容中把美的成分抽出，恐怕便活得不自在，甚至活不成。"(《美术与生活》)为什么审美文化会如此重要呢？因为先觉者们意识到，审美活动对人的精神能产生巨大的潜移默化作用，它不但可以娱乐人，更可以感动人，鼓舞人，把人带向理想的彼岸，用当时人的话讲，它能含"理想美学、感情美学"为一体，"鼓舞吾人之理性，觉悟吾人之理性"(徐念慈《小说林缘起》)。就是说，审美文化具有其他事物所不能替代的教育和启蒙功能。此认识与龚自珍的"尊情说"相近，且又大大地加以扩展了。梁启超在《丽韩十家文抄序》中甚至认为，审美文化是民族精神的载体，是国民之魂！评价之高，无以复加。

与这种观念紧密相连的，是志士仁人们对文学艺术改造世界能力的极高期望，诗人黄遵宪提出："诗虽小道，然欧洲诗人，出其鼓吹文明之笔，竟有左右世界之力。"(《人境庐诗草笺注·黄公度先生论诗手札墨迹》)另一诗人高旭也认为，文学"足以转旋世界，发扬国光"(《答胡寄尘书》)。梁启超在谈到小说的审美价值时，更把这一点阐述得淋漓尽致："欲新一国之民，不可不先新一国之小说。故欲新道德，必新小说；欲新宗教，必新小说；欲新政治，必新小说；欲新风俗，必新小说；欲新学艺，必新小说；乃至欲新人心，欲新人格，必新小说。何以故？小说有不可思议之力，支配人道故。"（《论小说与群治之关系》）这些观点在今天看来显然是过分夸张了，而且也不乏政治功利的色彩，然而，这毕竟是审美观念上的一大跃进，是对人的本质认识的一大提升，标志着中国审美文化进入了一个全新的时代。文化的变革、文化的更新就是从这里起步，并遍及各个领域去的。可以说，没有这一过程，便没有以后的"五四"新文化运动，它的积极意义远远超出了自身的不足。

诗界革命

晚清审美文化成绩最大、影响最广的方面还是要数文学，因为这一领域跟时代的步伐最紧，同时自身的变革也最突出、最显著。其中起步较早的是诗歌，"诗界革命"的口号是在19世纪末提出的，而实际上诗歌的革新早在该世纪70年代便开始了，当时被称作新派诗人的作家有黄遵宪、康有为、梁启超、谭嗣同、蒋智由、夏曾佑及丘逢甲等人。用梁启超的话说，所谓新派诗，"第一要新意境，第二要新语句，而又须以古人之风格入之"（《夏威夷游记》），这是诗歌革新的纲领，我们不妨称其为以新为美。新本是对旧的否定，针对着坚守古人格调、不肯随时代变化的"同光体"等旧派势力，黄遵宪提出了"我手写吾口，古岂能拘牵"的主张，宣称要解放诗的语言，实现口语和诗歌语言的合一。在这一点上，他其实是继承发扬了晚明以来所有主张语言变革的作家的观点，并把它提升到了革新的高度。黄遵宪的诗有一部分写的确实比较通俗，如《出军歌》《军中歌》等，另外，不少长篇大作体制宏伟，纵横驰骋，不受拘束，自由挥洒，这些都是作者的革新之处。

不过，黄诗毕竟没有跳出古诗的格式，这限制了他在语言方面的革新。黄遵宪的诗还不能称之为白话诗，他的作品实际上是旧体诗向新体诗的一种过渡。以新为美更多地还是体现在意境方面。黄遵宪本人曾说过，要写出"古人未有之物，未辟之境，耳目所历，皆笔而书之"。梁启超在推崇黄遵宪时，也称他能"以旧风格含新意境"。那么，什么是新意境呢？它主要体现为对国外新鲜事物的描写上，比如日本的风俗民情，美国的总统竞选，斯里兰卡的卧佛，巴黎的铁塔，以至于火车、轮船、电报、照相等等，这些内容是古典诗歌里从不曾见过的，它们的确开阔了人们的视野，为长久封闭在旧天地里的国人打开了一扇窗户。有些作品在描写之余，还表达了作者充满求知欲和自信心的新的审美感受，如《登巴黎铁塔》一作中，诗人咏道："一览小天下，五洲如在掌。既登绝顶高，更作凌风想。何时御气游，乘球恣来往。扶摇九万里，一笑吾其悦。"这境界就不是古人所能想见的了，的确别有一种魅力。

然而，正如有人指出的，黄诗以及所有新派作家的诗描写新鲜事物较多，而抒写深刻、独特的人生感受，创造崭新的心灵化的审美境界却远远不够，这是比较令人遗憾的。事实上黄遵宪诗集中较为感人的还是关注时事、抒写忧愤的长篇史诗类作品，如《冯将军歌》《东沟行》《哭威海》《台湾行》《度辽将军歌》等等。这大概是由于现实的负载太重，以至于诗人更多地将注意力投给了救亡的事业吧。

"戊戌变法"失败以后，人们对政治改良普遍感到失望，掀起了推翻封建统治、建立民主共和国家的斗争，"南社"就是在这场斗争中涌现出来的一个文学团体。南社的诗歌创作还是以参与社会变革、介入政治斗争为主，观点上比前期更为激进，艺术上却依然采取旧体的形式，没有大的变化。不过，值得注意的是其中少数作家在意境上有了新的创造，比如高旭，他在《自题花前说剑图》中提出了"剑魂""花魂"一对审美意象，云："提三尺剑可灭虏，栽十万花堪一顾，人生如此差足奇，真风流亦真雄武。男儿不作可怜虫，唾壶敲缺声欲聋。图中人今别怀抱，花魂剑魂时相从。"剑魂与花魂代表诗人心中审美化了的两种人格理想，它们既包含变革社会、创造新世界的雄心，也饱含着个人对爱情和人性美的追求，它们的相配形成了外向与内向、阳刚与阴柔、责任心与个性美的统一，具有较高的审美价值。我们知道，此一对审美意象本是从龚自珍的"剑气箫心"演变而来，龚诗对新派诗人的影响于此也可见一斑。实际上无论龚诗还是高诗，其审美过程中都带有传统文化的某些因子，它们被作者赋予了新的意蕴。所谓艺术的变革和更新，并不意味着要完全抛弃旧传统，关键在于如何对待旧的传统，改造本身也是一种创新。

另一富有浪漫气质的诗人是苏曼殊，他的诗是爱国精神与个性、灵气的统一，受到人们的普遍喜爱。试看他的两首绝句：

> 海天龙战血玄黄，披发长歌览大荒。易水萧萧人去也，一天明月白如霜。（《以诗并画留别汤国顿》）

> 春雨楼头尺八箫，何时归看浙江潮？芒鞋破钵无人识，踏过樱花第几桥？（《本事诗》之九）

苏曼殊诗中也不乏传统的意象，甚而至于借用古人的句式，但是他表达的却属于现代人的情感。前一首于夸张的自我形象描写中显露出极度的悲愤；后一首作于日本，在思念故土的情感里别具一味凄凉的异国情调，爱国和自怜水乳般地交合在一起，读来尤为感人。

散文与小说

散文领域的变化也是相当喜人的，虽然到了清末，"桐城派"古文依然拥有一定的势力，且在原有基础上进行了某种改进，但其坚持封建伦理的基本立场未变，固守家法门户的态度也未变，实际上已不能适应时代发展的需要，成为散文变革的障碍。在这种形势下，文界革命的风潮便骤然兴起了，这场革命实际上也是"五四"新文化运动的先导。散文的解放，首先是语言的解放。如果说诗歌作为一种韵体艺术，其语言保留古代体式尚情有可原的话，那么散文作为一种广泛反映社会生活，表达人们思想观点、意愿、情感的应用性文体，语言上再不进行有力的变革，就不能令人容忍了。当时为了鼓动社会改革，宣传民众，涌现出了一批白话报刊和杂志，"新文体"正是在这一批报刊、杂志上酝酿发展起来的。梁启超作为最有影响的《时务报》主笔，发表了大量宣传变法、鼓吹社会改革的文章。他的文风"平易畅达，时杂以俚语、韵语及外国语法，纵笔所至不检束"，彻底打破了"桐城派"对散文的统辖，成为"新体散文"的一面旗帜。

我们将梁启超的散文与"五四"时期的散文比较一下，可以发现，梁的散文还保留着相当程度的文言句式，并非完全意义上的白话文，所谓"言文一致"，其实还不彻底；但是，它们已不是原来的意义上的古文了，毫不艰涩、深奥，而是非常畅达和浅显，可以说凡是识字的人都能看得懂。尤其重要的是梁氏散文的风格，它彻底摈弃了桐城派主张的雅洁、含蓄、欲吐还吞的那种传统的审美趣味，闸门大开，一任思想感情的潮水奔涌翻腾，不达淋漓尽致，决不罢休，其鼓动人、激励人的力量是相当惊人的。当作者将这种文风运用于对未来中国的憧憬，表达他的审美理想时，简直可以说是精光四射、神采飞扬。试录其《少年中国说》的片段以示：

　　日本人之称我中国也，一则曰老大帝国，再则曰老大帝国。是语也，盖袭译欧西人之言也。呜呼！我中国其果老大矣乎？任公曰：恶，是何言！是何言！吾心目中有一少年中国在。……老年人如夕照，少年人如朝阳。老年人如瘠牛，少年人如乳虎。老年人如僧，少年人如侠。老年人如字典，少年人如戏文。老年人如鸦片烟，少年人如泼兰地酒。老年人如别行星之陨石，少年人如大洋海之珊瑚岛。老年人如埃及沙漠之金字塔，少年人如西伯利亚之铁路。老年人如秋后之柳，少年人如春前之草。老年人如死海之潴为泽，少年人如长江之初发源。此老年与少年性格不同之大略也。任公曰：人固有之，国亦宜然。……使举国之少年而果为少年也，则吾中国为未来之国，其进步未可量也。使举国之少年而亦为老大也，则吾中国为过去之国，其澌亡可翘足而待也。故今日之责任，不在他人，而全在我少年。少年智则国智，少年富则国富，少年强则国强，少年独立则国独立，少年自由则国自由，少年进步则国进步，少年胜于欧洲，则国胜于欧洲，少年雄于地球，则国雄于地球。红日初升，其道大光；河出伏流，一泻汪洋；潜龙腾渊，鳞爪飞扬；乳虎啸谷，百兽震惶；鹰隼试翼，风尘吸张；奇花初胎，乔乔皇皇；干将发硎，有作其芒；天戴其苍，地履其黄；纵有千古，横有八荒；前途似海，来日方长。美哉我少年中国，与天不老！壮哉我中国少年，与国无疆！

这样的气魄，这样的胸襟，这样的豪情，中国人真是久违了。郑振铎后来在谈到梁氏散文的影响时称，他的文章"打倒了所谓奄奄无生气的桐城派的古文，使一般的少年们都能肆笔自如，畅所欲言，而不再受已僵死的散文套式与格调的拘束，可以说是前几年文体改革的先导"（《梁任公先生传》）。钱玄同也指出："鄙意论现代文学之革新，必数梁先生。"（《寄陈独秀》）如果将"五四"文化看做旭日之初升的话，那么梁氏的散文确确乎算得上一片朝霞。

小说在诸文学种类中尤其受到了革新者的重视，被梁启超称之为"文学之最上乘"，原因无他，其启蒙的功用最大、社会的影响最大而已。革新者重视小说，同时也就对以前的小说创作深为不满，因为它们不但不能发挥启蒙的作用，而且还有相反的效果。梁启超将旧小说的精神内涵概括为四种：状元宰相之思想、佳人才子之思想、江湖盗贼之思想和妖巫狐鬼之思想。它们毒化民众，消磨志气，成为"中国群治腐败之总根源"（《论小说与群治之关系》）。正因为此，所以他大力倡导"小说界革命"，要使小说一变成为鼓舞国民、团结国民、打击腐败势力、改造社会的有力武器。当时革新者们办了不少的小说杂志，最有影响的是《新小说》《绣像小说》《月月小说》和《小说林》，被称为四大小说杂志。很多人在上面发表作品，梁启超本人也写了《新中国未来记》一作，并曾被康有为誉为救国的"灵药"。除了创作之外，文化界还介绍、翻译了大量的外国小说，其中不乏西方批判现实主义的杰作，这对于中国小说的改革和创新，对于日后"五四"新文学的兴起，意义都是很大的。

然而，晚清小说的总体成就并不高，尽管人们的期望值不低，而且将旧小说一笔抹煞，实际上它们并未达到《儒林外史》和《红楼梦》的水平，这恐怕与作者的创作态度有关。当时文化界是把小说当做政治宣传工具看待的，所谓"胸中所怀，政治之议论，一寄之于小说"（梁启超《译印政治小说序》）。至于人物性格的刻画，人性的剖析，以及审美观念的转移和嬗变都注意得不够，审美的价值更多地被政治考虑所压抑了。除了思想上的激进外，所谓新小说的"新"字也未能鲜明地体现出来。当时最有影响的是被称为"谴责小说"的四部长篇：《官场现形记》《二十年目睹之怪现象》《老残游记》和《孽海花》。它们均缺少深厚的文化内蕴，被鲁迅称为"辞气浮露，笔无藏锋"（《中国小说史略》）。不过，四部作品对晚清官场腐败和丑恶的揭露与批判还是相当触目惊心的，虽有所夸张，却依然具有重要的认识意义。

另外，戏曲界也出现了改革的气象，有一些宣传民主革命和妇女解放的作品问世，还有人把西方资产阶级革命的人物故事搬上舞台，如梁启超的《新罗马》《侠情记》等，虽然目的在于宣传和启蒙，但毕竟体现出了探索和革新的精神。当然，艺术上过于浅切，流于了口号和呐喊，还不能算是成功的创新之作。

中西文化的交融

这一时期对美学理论和艺术史的研究也取得了重要成果。与清前期相比，此时的研究有一个突出的新特点，这就是中西文化的交流和贯通。研究对象还是中国的艺术，但有了外来文化的参照和启发，眼光和看法就大不同了。成就卓著的乃是一代学者王国维。他的《红楼梦评论》吸收了康德、叔本华的美学思想，第一次明确提出了超越社会功利的审美价值观，否定和反对政治的、历史的、乐天的艺术，提倡以描写人生为旨归的新型艺术，这实际上是对整个传统审美文化的一种深层次的批判，同时也是对近代审美思潮的一种纠偏。在此基础上，他给予了《红楼梦》以新的阐释，认为此书是"悲剧中的悲剧"，是"宇宙之大著述"，理由在于：它展示了人所面临的普遍的生存困境，使人类生活的真相得以昭然。上述观点虽有悲观主义的倾向，但对于打破旧的审美观念，建立新的现代的美学体系，无疑极为重要。

另一部著作《宋元戏曲考》，在全面梳理中国戏曲产生、发展过程的同时，也将中国的戏剧作品放在世界戏剧的大背景中进行观照，得出了一系列极其重要的美学结论。影响最大的还是他的《人间词话》，在这部著作中王国维提出了"境界"这一美学范畴，于吸收西方美学观点的基础上，创立了"有我之境"与"无我之境"，"造境"与"写境"，"入乎其内"与"出乎其外"等一系列两两相对的理论概念，建立起一个具有现代文化精神的新的中国诗学体系。上述理论成果使王国维成为连接中西美学的大家。

王国维的确当得上是中国新文化的开山。

元明清三代，中国走过了最为漫长的一段路程，这漫长主要是因为它的曲折和迂回。在经历了一曲回肠荡气的乐章之后，审美文化终于跨入了新时代的大门。古老的文明的确应该有一番更新和重建了，就像凤凰涅槃那样，她需要在烈火中沐浴出一个新的自己。

历史进入新纪元后的今天，我们终于发现，数千年凝聚成的中华文化精神并未成为过去，相反，她正在转化为新文化的支柱和底座。待传统文明与新文化精神融合成一体时，一个伟大的时代又要开始了。

拥有辉煌过去的民族，也将拥有辉煌的未来。